인구감소시대의 지방 자립 프로젝트

지방경영시대

인구감소시대의 지방 자립 프로젝트
지방경영시대

—

인쇄 2022년 8월 5일 1판 1쇄 **발행** 2022년 8월 10일 1판 1쇄

지은이 기노시타 히토시
엮은이 변경화 · 이권윤정 · 박헌춘
펴낸이 강찬석
펴낸곳 도서출판 미세움
주 소 (07315) 서울시 영등포구 도신로51길 4
전 화 02-703-7507 **팩스** 02-703-7508
등 록 제313-2007-000133호
홈페이지 www.misewoom.com

정가 17,000원

—

ISBN 979-11-88602-54-4   03320

인구감소시대의 지방 자립 프로젝트

"지방경영시대

기노시타 히토시 지음

변경화 · 이권윤정 · 박헌춘 공역

美세움

서 문

2014년 '지방소멸론'으로 촉발된 지방창생 정책은 지방창생 종합전략이 수립되면서 2015년부터 일본 전역에서 본격적으로 추진됐습니다. 지방과 관계된 일을 18년째 하고 있는 저로서는 지방에 빛이 드는 것은 기쁜 일이지만 지방창생을 위한 접근 방식에 대해서는 우려를 금할 수 없습니다.

2016년 6월 NHK에서는 내각부가 선진적이라고 소개한 75개 사업을 전수 조사한 적이 있었습니다. 그런데 실제로 목표를 달성한 것은 28개 사업으로 전체 40%에 불과했습니다. 지방창생 정책을 추진한 첫해라곤 하지만, 지자체가 스스로 계획해서 정부 예산을 받았고 정부에서도 선진적이라고 소개한 사업조차 이러한 상황입니다. 물론 1-2년 만에 지역 전체가 재생되는 지방 정책이란 있을 수 없습니다. 하지만 스스로 세운 매년의 목표조차 달성하지 못한다면 과연 앞으로의 성과를 기대할 수 있을까요?

지금과 같이, 지자체가 계획을 세우고 목표를 설정하고 정부는 예산을 지원하는 PDCA(plan-do-check-act) 사이클 체계—이미 중심시가지 활성화를 비롯한 여러 분야에서 실패한—방식으로 계속 진행한다면 큰 성과를 내기가 어려울 것입니다.

(참고자료: http://www.nhk.or.jp/ohayou/digest/2016/06/0616.html)

-- ⟫ —

지방창생은 '지역 경영'이어야 한다

18년 전 저는 고등학교 1학년 때 와세다상점협회의 지역 활성화 사업에 관여한 적이 있습니다. 1년 예산 100만 엔도 없는 가난한 상점가로 법인은커녕 사무국 직원도 없었습니다. 그러나 그러한 약소 단체가 당시 진행했던 '환경마을 만들기'는 큰 주목을 받았습니다.

주목받은 요인은 크게 3가지입니다.

첫째, 경제단체가 환경문제를 주제로 지역 활성화에 참여했다는 점입니다. 원래 상점가는 장사꾼이 모인 조직으로 자신들의 이익에 매우 이기적인 존재입니다. 그래서 "환경? 그런 것에 난 관심 없어", "쓰레기양이 많다는 것은 그만큼 벌었다는 증거지. 쓰레기는 장사꾼의 훈장이야"라는 사람이 있을 정도입니다. 1990년대 후반은 아직 지자체가 재활용 쓰레기를 회수해가는 일이 일반적이지 않은 때였습니다. 그러나 그런 시기에 상점가가 스스로 환경업체를 끌어들여 빈 캔과 페트병 회수량에 따라 쿠폰을 발행하거나 음식물쓰레기 처리기에 마일리지 기능을 부여하는 등 상점가 마케팅과 환경 활동을 연동시켰습니다. 그리고 와세다대학까지 그 활동에 참여하면서 오늘날의 산 · 학 · 관 협력으로 발전했습니다. 더 나아가 인터넷을 활용해 중앙정부를 비롯한 대기업, 중소기업, 대학 등 전국 150명 이상의 주요 인재들로 구성된 연계 시스템으로까지 확대됐습니다.

둘째, 보조금에 관심을 두지 않고 스스로 이익을 창출하는 지역 활성화 사업이었습니다. 와세다상점협회는 '돈이 없기 때문에 지혜가 나온다'라는 자세로 예산이 부족한 만큼 다양한 기업과 협력하고, 이벤트로 사업비를 마련하고, 현장견학을 유료화하는 등 '이익창출형 지역 활성화 사업'을 추진했습니다.

셋째, '행정이 참여한 민간주도'라는 기존과 다른 방식으로 추진했다는 점입니다. 이것은 '민간'에서 먼저 제안하고 나중에 '행정'이 결합하는 방식입니다. 시작은 대학가 특유의 여름 불경기(여름방학이 되면 학생들이 없어 지역이 썰렁해지는 시기)대책을 마련하는 것에서 출발했습니다. 이 시기에는 "대학상점가가 어려우니 손님으로 와주세요"라는 동정심에 의지한 이벤트가 주로 개최되나, 우리는 '쓰레기 회수의 유료화'라는 사회적 이슈인 '환경'을 결합했습니다. 사회적 이슈를 다루면서 대학상점가 활성화라는 지역 과제에도 도움이 되는 방안을 민간에서 먼저 제안하고 행정은 나중에 참여하는 방식으로 당시 주목을 끌었습니다.

난생 처음으로 지역 활성화 사업에서 이런 노력을 경험한 후 저는 고등학교 3학년 때 전국 상점가의 공동출자회사 대표를 맡게 됐습니다. 그러나 그곳에서 큰 실패를 겪었습니다. 사업은 아주 냉혹했습니다. 지역을 재생하면서 보조금 등의 지원에 의존하지 않고 사기업을 흑자로 경영해 가기 위해서는 한층 더 난이도 높은 경영력이 요구된다는 것을 몸소 체험하는 계기가 됐습니다.

대학원 졸업 후에는 구마모토 시에서 동료와 함께 '구마모토조토(熊本城東) 매니지먼트'라는 회사를 세워, 동료들과 함께 '사단법인 AIA(지역·혁신·연계)'라는 단체를 통해 각지에서 스스로 출자한 사업을 개발함과 동시에 거기에서 얻은 지식과 정보를 적극적으로 알리고 있습니다.

이러한 18년간의 경험을 통해 저는 '지역 경영으로서의 지방 창생'을 깊이 고민하게 됐습니다. 때로는 지방 정책이 줄곧 제자리에서만 맴돌고 있는 것 같기도 합니다. 그리고 지금 시행되고 있는 지역 활성화 사업 또한 과거의 정책을 재탕, 삼탕하는 곳도 적지 않습니다.

지방 정책의 실패는 왜 반복되는가?

　지방창생의 선행형 예산으로 추진된 대표적 정책 중 하나가 '프리미엄 상품권'입니다. 일본 전국 1,741개 시정촌(당시) 중 99.8%에 달하는 1,739개 지자체가 프리미엄 상품권을 발행했고, 거기에 1,589억 엔의 예산이 들어갔습니다.

　그럼 지역 경제가 크게 좋아졌을까요? 아쉽게도 "실감 나지 않는다"는 의견이 많을 것입니다. 지역진흥권 등 이전의 유사한 정책과 비교해 보아도 그 효과는 총액의 1/4에서 1/3 정도에 그친다는 의견이 있습니다. 그런데도 지역 활성화 대책으로 아직도 이 '효과 없는 선심성 정책'이 인기가 있습니다.

　지방창생 정책은 전략을 수립하고, 정부의 인증을 받고, KPI(key performance indicator)를 설정하고, PDCA 사이클에 따라 추진하고 있습니다. 이것은 2016년 6월까지 200개 시에서 인증된 '중심시가지 활성화 정책'과 동일한 접근방식입니다. 그러나 이 정책을 통해 지방 도시 중심부가 활발히 재생된 경우는 찾아보기 힘듭니다. 오히려 과거 시범도시로 유명한 아오모리 시에서는 이 정책의 지원으로 지어진 핵심시설인 '아우가'의 경영 실패로 200억 엔 이상의 시 예산이 소비되고 시장은 사임 의사까지 발표한 상황입니다.

　'이전에 문제가 있었던 방식에 이름만 바꿔 다시 추진하는 것'

이 지방창생 정책의 가장 큰 문제입니다. 이것은 단지 지자체나 중앙정부라는 행정의 문제만은 아닙니다. 민간에서도 이러한 정책에 편승해 '사업장사'를 하기도 합니다. 중요한 것은 이 정책에 예산규모를 결정하는 국회나 지방의회의 의원을 뽑는 것은 다름 아닌 우리입니다. 지방 정책은 국가와 지방, 행정과 민간, 정치와 시민이라는 관계 속에서 의회에서 결정되어 적법하게 집행되고 있음에도 불구하고 전혀 성과가 없다는 것입니다. 이런 구조적 악순환의 고리를 끊기 위해서라도 실패를 못 본 체하거나 잊을 것이 아니라, 우리 모두가 과거의 실패를 직시해야 합니다.

미디어가 다루는 '지역의 성공담'을 의심하라

지역 활성화를 다룬 뉴스를 볼 때마다 위화감을 느낍니다. 대부분은 시골에서 청년이 고군분투하는 얘기거나 과소마을에서 마을을 지키기 위해 노력하는 노인의 모습입니다. 이처럼 '도시 관점에서 기대하는 훈훈하고 아름다운 지역 성공 스토리'들을 주로 다루고 있습니다.

그러나 이런 미담만으로 문제가 해결된다면 지역은 벌써 재생되어 고생할 사람은 아무도 없을 것입니다. 실체를 면밀히 들여다보면 새로운 시도를 강경하게 반대하는 마을의 유지, 성공한 이웃에게 질투하는 주민, 지역의 독자적 성공에 편승해서 개인 실적을 올리기 위해 시범사업 예산을 사용하는 공무원 등 여기에는 다양한 욕망이 서로 얽혀서 소용돌이치고 있습니다.

무엇보다도 어느 한 부분만을 잘라내어 '성공'이라 하는 것보다 더 중요한 것은 성공이 지속될 수 있게 하는 것입니다. 지극히 당연한 것은 수년 또는 수십 년에 걸쳐도 '성공사례'를 만들어내는 것은 매우 어렵다는 것입니다. 지역 활성화에서 절대적인 성공이란 아마도 없을 것입니다. 다만 성공과 실패를 반복하면서 그래도 결정적인 실패를 하지 않으면서 어떻게든 상승기류를 만들어 가는 매일의 노력이야말로 지역 활성화의 실제라 할 것입니다. 이런 내용들은 뉴스에서조차 다루지 않는 매우 작은 사례입니다. 안타깝게도 이런 지속가능한 소소한 사례들은 도시민 입장에서 보면 별로 감동도 없고 상관도 없는 얘기라서 언론에서도 잘 다루지 않습니다.

게다가 귀농·귀촌에 관한 미디어의 보도 방식도 비정상적입니다. 실제 수치로만 보면 지방으로 이주하는 사람은 얼마 안 되고 역으로 수도권으로 이주하는 사람이 압도적으로 많습니다. 2015년 인구이동 보고에 따르면, 도쿄권으로 11만 9,357명이 전입했고 그 규모도 4년 연속 증가했습니다. 이외에 수도권인 사이타마, 치바, 가나가와와 3대 도시권 중핵도시인 아이치, 오사카, 후쿠오카와 오키나와에서 전입이 초과됐습니다.

그럼에도 미디어에서는 "지금은 귀농·귀촌이 대세"라면서, 도시에서 이상적으로 받아들여지는 시골 생활을 영위하는 특이한 지방 이주자에게 초점을 맞춘 프로그램이 만들어집니다. 자극적이고 튀는 이슈를 요구한 나머지 실제로 지역에서 필요한 과제 해결이 아니라, '도시에서 화제가 될 만한 소재'라는 일부 특이한 사례에 치우쳐 있습니다. 그리고 지방은 도시지역 미디어에서 다뤄질 만한 '소재'에만 집중합니다. 그 결과, 지역의 문제는 해결되지 않고 그저 일회성 이슈 만들기에만 급급한 것이 현실이 되었습니다.

이것은 지역만의 이야기가 아니다

저는 2014년 12월 〈동양경제〉 온라인판에 '지방창생의 실체'라는 제목으로 연재를 시작했습니다. 이 연재에서는 지방의 표면적인 얘기가 아닌 과거의 실패를 정리하고, 동시에 내재돼 있는 구조적 문제의 해결책에 접근할 필요가 있다고 제안했습니다. 그리고 쇠퇴하는 지역을 활성화할 때 발생하는 여러 가지 실제적인 이야기를 다루었습니다. 많은 사람들이 '당연히 알고 있지만 말하기 어려운' 그런 내용을 많이 끄집어냈습니다. 사실 말로 표출하기 어려운 것일수록 문제의 원인이 되는 경우가 적지 않습니다.

이 연재를 하면서 놀라웠던 것은,

"이것은 지역만이 아니라, 우리 회사에서도 마찬가지다"

"지역 활성화 분야와 관공서와의 관계는 마치 우리 업계와 해당 관공서와의 관계와도 같다"

"상업분야뿐만 아니라 농업, 임업, 수산업에서도 같다"

라는 의견을 많이 받았습니다. 즉, 지역의 구조적 문제와 일본 각지에서 나타나는 문제 사이에는 지극히 많은 공통점이 있다는 것입니다. 그래서 이 책에 정리된 내용은 단순히 '지방의 문제'가 아니라, '일본 각지에서 나타난 구조적 문제의 하나'로 읽혀지길 바랍니다.

이 책에서는 다음의 5가지 관점에서 지역의 구조적 문제를 정리했습니다.

- 콘텐츠 선택법
- 자원 사용법
- 사람 활용법
- 돈의 흐름을 보는 법
- 조직 운영법

지역사업이 실패하는 원인을 보면, 우선 '지역 활성화를 위한 콘텐츠 선택'에 있습니다. 콘텐츠 소재를 고를 때부터 잘못되어 있습니다.

B급 먹거리 등이 그런 패턴 중 하나입니다. 지역에서 생산되지 않는 밀가루 등을 원재료로 단가 몇백 엔에서 천 엔 정도의 저렴한 메뉴를 기본으로 하면 이익은 낼 수 있지만, 가공 등 일

이 모든 요소가 기능할 때 비로소 지역재생에 필요한 대책이 성립된다. 그러나 콘텐츠, 제반 자원, 조직 3가지 모두 잘못되어 있기 때문에 지역재생이 실현되기 어려워진다. 잘못된 구조에서는 아무리 지원을 해도 성과가 나오지 않는다. 중요한 것은 지원이 아니라 잘못된 구조를 개선하는 것이다. 콘텐츠, 제반 자원, 조직을 합리적인 구조로 전환하는 것이야말로 지역재생을 위해 꼭 필요한 것이다.

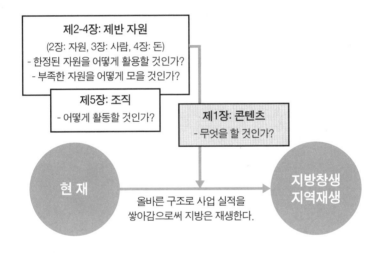

부에서 부가가치를 창출하는 데는 한계가 있습니다. 그것만으로는 지역의 1차산업을 포함한 파급효과는 기대할 수 없습니다. 차별화가 어렵고 단가가 싼 것에 비해 표면적인 조리·제공에 관한 부가가치밖에 얻을 수 없기 때문에 지역 전체의 재생으로 연결되지 않습니다.

또한 '자원 사용'도 중요한 요소입니다. 지역에서는 건물이나 공간 등의 하드웨어도 꼭 필요합니다. 그리고 지방에는 이미 많은 세금으로 다양한 인프라가 정비돼 있습니다. 그러나 하드웨어를 구축하는 방법과 활용방법이 잘못되면 그것은 지역을 망치는 원인이 되기도 합니다. 지금까지 만들어진 것들이 적자로 운영되면서 그로 인해 지역의 다른 서비스로 예산이 순환되는 것을 막는 경우도 적지 않습니다.

미치노에키(도로변 휴게소)도 얼핏 보면 지역을 위한 것처럼 보이지만, 그 대부분은 초기 투자금조차 회수하지 못할 뿐 아니라 적자경영이 지속되는 곳도 있습니다. 100엔짜리 감자 1봉지를 팔기 위해 철근 콘크리트 공공건축물을 짓는 것은 과잉 투자입니다. 매년 몇백만 엔의 유지비를 벌 수 있는 장사가 아니라, 세금으로 적자를 메꾸지 않아서 망하는 경우라면 지역 어디에서도 수익창출은 어렵다는 것입니다.

많은 지역에서 문제가 되는 것이 '사람을 활용하는 방법'입니다. 최근에는 정주인구와 관광을 중심으로 한 교류인구 등 단지 인구라는 규모의 문제로만 인식하고 있습니다. 이것은 결국 지방으로 사람들이 이주하면 모든 문제가 해결되는 것으로 귀결되기 십상입니다.

그러나 실제로 인구를 증가시킨다는 것은 그만큼의 사람들을 먹여 살릴 수 있는 산업을 만들어야 한다는 것입니다. 단순히 이주촉진보조금 등으로 일회성 인구증가를 촉진하는 것은 의미가 없습니다. 근본적으로 지역산업에 문제가 있기 때문에 고용에도 문제가 나타나고 지역에 사람이 남지 않고, 결과적으로 지역 내 수요까지도 줄어드는 것입니다. 그렇기 때문에 현지에서 강력하게 추진하려는 주력 산업에 적합한 인재를 끌어들이려는 노력이 우선적으로 진행돼야 하는 것은 너무나 당연합니다.

교류인구에 대해서도 마찬가지입니다. 일회성 이벤트로 수십만 명을 모은다 해도 관광소비로 연결되지 않으면 큰 의미가 없습니다. 중요한 것은 사람 수보다 관광소비의 '단가'입니다. 한 사람이 지역에서 얼마만큼의 소비를 하는지 단가 설정을 토대로 지역의 음식점에서 숙박시설까지 전체 서비스를 바꿔야 합니다. 지금까지처럼 지역의 변화는 뒷전이고 우선 사람들만 끌어모으면 된다는 식으로 이벤트에 예산을 소비해 버리면 지역에는 아무것도 남지 않습니다.

지역에서 '사람'의 의미는 현지의 차세대 산업을 지지하는 인재라는 의미와 서비스를 제공하는 고객이라는 복합적인 의미가 있습니다. 이런 것들을 혼동하고 질적인 문제를 무시한 채 인구규모로만 보는 것은 지역 활성화를 진단함에 있어 오류의 원인이 됩니다.

'돈 흐름의 관점'에 대해서도 그동안 지방 정책에서 잘못 다뤄져 왔습니다. 지방 정책은 사실 재분배 정책의 일환으로 정치적·행정적으로 행해져 온 것이 많아, 경제적인 관점과 경영적인 관점이 경시되어 왔습니다. 예를 들어 정부가 50억 엔을 지원하면서 지자체 자체부담금도 50억 엔이고 그 유지에 매년 2억 엔이 요구되는 30년 지속 사업을 추진한다고 할 때, 이것을 누적하면 지방에서는 60억 엔의 적자가 쌓입니다. 지방정부가 활성화 사업을 하면 할수록 재정부담이 증가하는 상황이 발생하는 것입니다.

또한 지방에서의 사업평가는 '지자체'와 '민간(제3섹터 포함)'의 연결 결산으로 평가되고 있습니다. 그러면서 특수한 공공회계에 의해 평가가 왜곡되고 있습니다. 뿐만 아니라 민관 모두 지방 정책에 관여하는 많은 사람이 재무제표조차 읽지 못하는 경우도 적지 않습니다. 자금이 흐르지 않으니 지방 정책에서 효과가 나타나지 못하는 상황인데도 문제가 있음을 깨닫지 못하는 것입니다.

'조직 운영'은 어떻습니까. 지방 정책에서는 조직 행동에 관한 이론이 거의 채택되지 않고 아직도 과거의 '계획 경제'와 같은 접근방식이 적용되고 있습니다. '계획'을 수립하고, 단년도 '예산'을 결정하고, 거기에 따라 조직을 움직이며, 사업 진행현황을 파악하고 평가하여 개선을 명령합니다. 이러한 방식은 조직에 동기를 부여해 '지역을 재생한다'는 목적에 유효하지 않습니다. 정해 놓은 공식대로 돌아가는 쇼와 시대의 생산공장 같은 방식, 다시 말하자면 구소련의 국영공장 같은 방식입니다.

이런 식으로 진행되다 보니 조직 내의 개인은 정말로 지역재생 사업에 땀을 흘리기보다 다른 지역의 사업을 모방하고 싶어집니다. 목표 자체도 단기적으로 사업성과를 쉽게 얻을 수 있는 방문객 수 등과 같은 평가지표를 우선시하고 싶어집니다. 아무도 홈런을 노리지 않고 번트나 볼넷을 노리는 것과 같습니다. '실패하지 않는 사업'을 우선시하는 조직에서는 '지역재생'이라는 중장기적 관점에서 도전을 시도하는 것 자체가 '바보 같은 행동'이 되어버립니다.

이 책에서는 이상의 각론을 여러 가지 관점에서 정리했습니다. 부디 여러분의 분야에서 '동일한 구조적 문제'를 안고 있지는 않은지 진단하는 마음으로 읽어주시길 바랍니다.

2016년 9월

기노시타 히토시(木下 斉)

한국어판 서문

이번에 한국에서 《지방창생대전(地方創生大全)》이 번역된 것을 매우 기쁘게 생각합니다.

일본은 저출산·고령화 대책이 늦어지면서 이에 따른 사회보장비용의 증대, 인구감소로 인한 산업력 약화 등의 문제를 안고 있습니다. 지방에서는 국가보조금 등을 활용한 보호정책이 오랜 기간 진행됐지만, 외부 자본에 의존했기에 지역 재생은 이뤄지지 않았고, 스스로 이익을 창출하지 못한 지역들은 일제히 쇠퇴하고 있습니다.

세계적으로 보면 공업화 성공 후의 인구감소 현상은 유럽 어디서나 동일하게 나타나고 있습니다. 프랑스는 제1차 세계대전 때부터 인구감소가 문제시되고 있었습니다. 어떻게 보면 미국만 이민자가 몰려들어 인구가 계속 증가하고 경제도 성장하는 예외적인 상황입니다.

유럽 각국을 보면 수도권보다 소득이 높은 지방도시가 여럿 존재합니다. 프랑스에는 파리보다 1인당 평균소득이 높은 도시로 인구 2만 3,000명인 에페르네가 있습니다. 샹파뉴라는 지역에서 재배한 포도를 가공, 스파클링 와인을 수출해 외화를 벌어들이고 있습니다. 법률로 엄격하게 기준이 정해진 농업가공품은 국제 분업시대의 공업과 달리 모두 그 지역 내에서 만들어지기 때문에 수익 대부분이 지역으로 들어옵니다. 그렇기에 지역의 소득이 높아지게 됩니다.

에페르네의 번영은 무려 500년 넘게 지속되고 있습니다. 산이 높으면 계곡이 깊듯이, 공업도시는 성장할 때는 세계적으로 내세울 정도로 번영하지만 국제 경쟁력이 떨어지면 금방 슬럼도시가 되기도 합니다. 영국의 맨체스터나 리버풀, 미국의 디트로이트 등 다수의 사례가 존재합니다. 일본에서도 일찍이 동양 최대의 공업도시였던 기타큐슈 시가 쇠퇴했고, 일본 유수의 조선 제철로 번창했던 히로시마 현의 구레 시도 공업적 위상이 완전히 떨어졌습니다.

저출산 · 고령화와 인구감소가 진행되고 있는 국가에서 중요한 것은 '저인구 고소득'과 '장기적 안정'입니다. 이를 위해서는 공업화뿐만 아니라 농림수산업을 포함한 로테크(low-tech: 종래의 전통적 기술)산업의 가능성에 주목해야 합니다. 로테크 산업은 국제적 이동이나 높은 기술력을 요구하지 않습니다. 유럽의 대표적인 가죽산업 관련 브랜드(한국 분들도 많이 구매하시겠지만)인 LVMH(루이비통, 모엣&샹동, 헤네시)는 모두 로테크 상품입니다. 희소성을 높이고 매년 가격을 인상시켜 무역흑자를 유지하고 있습니다.

일본에서도 이미 이런 분위기가 감지되고 있습니다. 메이지 유신 이후의 일본 공업화 시대를 따라가지 못하고 실패했던 일본 서쪽 연안지역이 일본술이나 포도주 등의 양조 분야에서 번창하기 시작했고, 해외에서도 찾아오는 레스토랑이 속속 생겨나고 있습니다. 쇠퇴한 온천거리도 세대교체를 통해 단숨에 변화하면서 매력 있는 호텔·여관 등에서 재방문 고객으로 이익을 창출하고 있습니다. 지금까지 인구 규모라는 힘에 사로잡혀 있던 일본도 이제는 부가가치에 역점을 두면서 '박리다매'형이 아닌 다양한 산업이 성장하기 시작했습니다.

한국은 합계출산율이 1명 이하로 떨어지면서 저출산·고령화가 급속히 진전되는 것으로 알고 있습니다. 이는 일본과 함께 대만, 중국도 마찬가지로 동아시아 각국의 공통된 과제가 되었습니다. 그래서인지 대만에서는 이미 5년 전 저의 책이 번역됐고, 작년에는 중국에서, 그리고 이번에는 한국에서 번역되고 있습니다. 이는 국가 단위의 문제를 넘어 동아시아 전체의 과제로서 우리 모두가 지혜를 모으고 어려움을 극복해야 하기 때문이라 생각합니다.

2019년에 대만은 일본의 지방창생 정책을 모델로 지방창생 원년을 선언하고 지방지원 등 다양한 변화에 도전하기 시작했습니다. 저도 2019년 대만의 여러 곳을 방문해 지방창생을 위한 단체와 기업들과 논의했고, 이 과정에서 창의적인 사례도 다수 발견했습니다. 일본이 배워야 할 것도 당연히 많았습니다. 이에 대만과 일본의 지방창생 단체들이 서로 연계하고 교류하자는 논의가 진행되던 중 코로나19로 인해 중단되었지만, 내년에는 어떻게든 재개하고자 합니다. 중국에서는 2018년과 2019년에 선전과 상하이에서 개최된 도시포럼에 참가해 많은 젊은이들과 논의하고 아이디어를 공유했습니다. 지방 도시의 방문도 재개할 수 있도록 노력하고 있습니다.

한국의 여러분들께서도 이 책을 통해 일본의 지역과제, 그 대책과 실패, 그리고 성공 등을 다각도로 살펴보시고, 한국의 여러 곳에서 나타나는 훌륭한 성과와 노력 등도 알려 주셨으면 합니다. 그 후에, 서로의 대응방안이나 정책 분야에서 공동 연구 등을 동아시아 각국이 함께 참가하고 진행해 지식을 쌓아 동아시아 미래를 위해 더불어 노력해 가길 희망합니다.

이 책이 한국의 지방창생과 관련된 정부의 정책 담당자, 지자체 관계자, 그리고 무엇보다 현장에서 고군분투하시는 분들에게 읽혀지기를 진심으로 바랍니다. 그리고 논의사항이나 새로운 내용, 한국의 상황 등에 대해 아래의 메일이나 트위터 등으로 공유할 수 있기를 바랍니다.

이를 계기로 한국과 일본의 지방창생 분야에서의 교류가 더욱 깊어지기를 진심으로 기대합니다.

기노시타 히토시

hitoshi.kino@gmail.com
https://twitter.com/shoutengai

차 례

제 1 장

콘 텐 츠 선 택 법
"무엇을 할 것인지 결정하기"

제 2 장

자 원 사 용 법
"알차게 활용하여 이익 창출하기"

◀ 제 5 장 ▶

조 직 운 영 법
"각각의 힘, 최대로 끌어올리기"

일러두기

1. 내용상 추가 설명이 필요한 부분은 *로 표시하고 하단에 각주로 실었습니다.
2. 인명, 지명 및 외래어는 굳어진 것은 제외하고 국립국어원의 외래어 표기법과 용례를 따랐습니다.
3. 지방자치단체는 지자체로 표기하였습니다.

제1장

콘텐츠 선택법

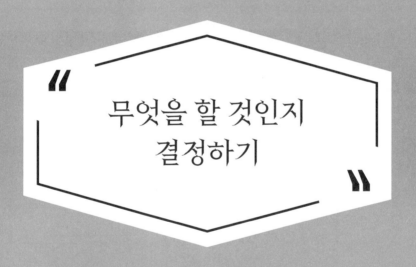

" 무엇을 할 것인지
결정하기 "

지역 활성화 사업에 실패하는 곳은 콘텐츠를 선택하는 단계부터 문제를 안고 있다. 지역 활성화의 많은 성공사례는 콘텐츠 선택에서 출발한다. 우리는 선진지 견학을 통해 성공한 지역을 방문해서 "우리도 이런 것을 해보자"며 관심을 갖는 마을을 많이 봐왔다. 그리고 다른 지역도 성공했으니 우리도 무조건 성공할 것이라 확신한다. 그러나 그렇게 쉽게 성공할 수 있다면 실패할 지역은 어디에도 없을 것이다.

내가 관여하는 지역사업에서 선진지 견학을 모두 유료로 운영하는 것은 이러한 견학이 무의미하다고 생각하기 때문이다. 2시간 정도 현장을 둘러보고 자신의 지역에 적용해서 성공할 것이라고 믿다니, 솔직히 성공확률은 '0%'이다. 이것은 우습게도 아마추어가 자동차 공장을 견학하고 집에 돌아와서 자동차를 생산할 수 있다고 믿는 것과 같은 이치다.

원래 지역 활성화란 어떤 지역이든 시도하기만 하면 되는 것이 아니라, '다른 지역에서 못하는 것을 우리 지역에서는 가능하게 하는 것'이다. 그래서 무엇으로 활성화할 것인가를 결정할 경우, 가장 먼저 '우리 지역의 문제가 무엇인가'를 파악하는 것이 중요하고, 다음으로 지역 활성화에 참여하는 주민들이 문제 해결을 위한 첫 번째 도전과제를 선택하는 것이다.

다른 지역의 성공사례를 찾아보기 전에 우리 지역의 문제가 무엇인지를 정확히 인지하고, 얼마만큼의 열정을 쏟을 수 있는지, 또 이 사업을 위해서 어느 정도의 자금이 필요한지, 사업 참여자들은 사업자금을 얼마나 낼 수 있는지, 사업 참여자들은 일주일에 몇 시간이나 할

애할 수 있는지 등의 현실적인 상황을 구체적으로 검토해야 한다. 만약 자원을 활용해서 지역가치를 높이고 소득을 창출하자는 사업에 3명의 참여자가 각각 10만 엔씩밖에 낼 수 없는 상황이라면 지역 활성화는 그 조건에서 시작해야 한다.

규모가 큰 프로젝트가 추진되고 있거나, 정부 보조금을 능숙하게 활용해 화제가 되는 지역을 견학한다 해도 아무런 힌트를 얻을 수 없다. 다른 지역을 견학하기 전에 자신들의 지역 여건을 끄집어내고 그 속에서 스스로 할 수 있는 것들을 하나씩 정리해 가는 것이 사업 성과를 내는 데 훨씬 중요하다.

나는 2008년 구마모토 시에서 동료들과 사업을 시작할 때 구마모토 시 전체의 활성화를 목표로 하고 싶었다. 그러나 우리가 내놓을 수 있는 자금은 4명이서 320만 엔이 전부였다. 그래서 그 자금으로 할 수 있는 것을 생각해낸 결과, 구마모토 시 중심부에 있는 빌딩들과 연계해 쓰레기처리를 일원화하는 것이었다. 매년 450만 엔 이상의 절약 효과가 발생했고, 그 일부를 다음 사업의 재원으로 사용해 지금까지도 사업을 계속하고 있다. 이렇듯 다른 지역을 견학하지 않고도 지역 조건과 우리가 할 수 있는 것들을 결합하면 꽤 괜찮은 콘텐츠를 찾아낼 수 있다.

〈콘텐츠 선택법〉에서는 지역에서 실패하기 쉬운 '콘텐츠 선택'에 대한 구체적인 사례와 실패 예방책을 소개한다.

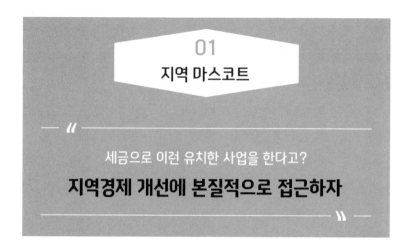

01

지역 마스코트

"

세금으로 이런 유치한 사업을 한다고?

지역경제 개선에 본질적으로 접근하자

"

먼저 지역 활성화 콘텐츠로써 많은 사람들이 관심을 갖는 '지역 마스코트'*에 대해 얘기하지 않을 수 없다. 지자체가 주도하고 관여하는 캐릭터는 일본 전역에 2,000개가 넘는다. 2015년 '지역 마스코트 그랑프리'**에 등록된 캐릭터만 해도 1,092개에 이를 정도다. 지역 마스코트 사업은 '쿠마몽'***이 출시된 이후 엄

---

* 지역 마스코트(ゆるキャラ) : '느긋하다'라는 뜻의 일본어 유루이(ゆるい)와 캐릭터(キャラクタ–)의 합성어로 직역하면 '느긋하고 여유로운 캐릭터'라는 뜻이다. 명칭에 걸맞게 한가롭고 느긋한 이미지로 일상에 지친 사람들을 지방으로 끌어들이기 위해 만들어졌다. 지역의 각종 이벤트와 캠페인에서 지역의 특산품이나 관광 홍보에 활용된다.
** 지역 마스코트 그랑프리 : 폭발적인 인기를 얻은 지역 마스코트들이 나타나게 되고, 관련 산업 규모가 거대해지면서 인기 있는 캐릭터를 뽑는 대회로 2010년부터 시작됐다. 2014년에는 투표자 수가 2,400만 명에 달할 정도로 인기가 있었다. 단순 인기투표 이벤트만이 아닌 공식 홈페이지를 만들어 캐릭터 상품 판매 등 산업 활성화 역할도 하고 있다.
*** 쿠마몽(くまモン) : 일본 구마모토 현에서 만든 마스코트다. 구마모토 현의 앞글자이기도 하고 곰을 뜻하는 '쿠마'와 사람을 뜻하는 구마모토 현의 사투리인 '몽'이 합쳐진 명칭이다. 2010년 규슈 신칸센 개통 이후 지역 관광객 유치를 위한 캠페인 일환으로 만들어졌다.

청난 인기를 끌었다. 그런데 과연 이런 유치한 사업이 세금을 쏟아부을 만한 경제정책인지에 대해서는 의문이 든다.

지역 마스코트는 왜 인기가 있을까?

　지역 마스코트는 예전부터 존재했다. 그러던 중 히코네 시의 마스코트인 히코냥(Hikonyan)이 화제가 되면서 2010년부터 '지역 마스코트 그랑프리'가 시작됐다. 이것을 계기로 일본 각지에서 마스코트들이 속속 출시되면서 인기경쟁이 치열해졌다.

　제2회 지역 마스코트 그랑프리에서 구마모토 현에서 출시한 '쿠마몽'이 1위를 차지하면서 인기가 폭발적으로 치솟았다(그림 1-1). 히코냥과 달리 쿠마몽은 관련 상품에 이용되는 활용도가 다양해 인기가 더 높았다. 구마모토 현도 정책 예산의 타당성을 호소하기 위해 현지 일본은행지점이 발표한 보고서를 토대로 '경제효과'를 강조했다. 이를 계기로 일본 전역에서 지방 정책의 일환으로 마스코트 개발사업은 그야말로 전성기를 이루었다.

【지역 마스코트에 대한 허상】
　지자체 예산으로 마스코트 개발 → 지자체 예산으로 홍보 → 지역 마스코트 그랑프리에서 우승 → 마스코트로 인한 관광 상품 수요 발생 → 지역 인지도 향상 → 지역 활성화

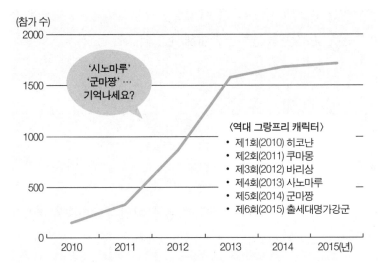

그림 1-1 '지역 마스코트 그랑프리' 참가 추이와 역대 그랑프리 캐릭터

출처: 지역 마스코트 그랑프리 공식 웹사이트(저자 작성)

　이런 과정을 지켜보던 전국의 지자체에서는 "우리도 한번 해 봐야겠다"는 생각에 거액의 예산을 투입하면서 마스코트 경쟁이 본격화되었고, 결국에는 전혀 지역적이지 않은 '지역 마스코트' 전쟁이 벌어지게 됐다.

지역 마스코트 사업은 세금을 쏟아부으면서까지 해야 하는 경제정책일까?

어떤 사람들은 "무슨 소리냐? 상품판매나 관광에 꽤 도움이 되지 않나"라는 반론도 한다. 분명 일부 판매 기업에서는 긍정적인 효과가 있다. 그렇다면 전체적인 효과를 따져 봐도 과연 그럴까? 마스코트 관련 상품에 밀려 판매장에 진열도 되지 못하는 상품은 없을까? 여러 가지 상황을 고려해 보면 부정적인 효과도 적지 않다. 지금까지의 상황을 한마디로 정리하면, 새로운 마스코트 상품의 매출이 기존 상품의 매출을 먹어버리는 구조가 반복되고 있다.

문제는 마스코트 상품 대부분이 '그 지역만의 독창적 제품'이라고 하지만, 결코 혁신적이지 않다는 데 있다. 단순히 휴대폰 케이스에 캐릭터를 표현하거나 캐릭터 모양의 향토떡을 만들거나 지역에서 잘 팔리는 술병에 캐릭터를 그려 넣는 등 기존 제품의 포장 디자인을 바꾸는 정도에 불과한 경우가 많다. 오히려 지역 마스코트의 긍정적 효과만 강조되어 지역 활성화의 현실을 파악하기 어렵게 만들고 있다.

경제효과라는 '함정'에 빠지지 말자

'경제효과'라는 키워드는 지역 마스코트로 인한 지역 활성화라는 효과를 그럴싸하게 보이게끔 한다. '경제적 효과가 이만큼이나 크다'라며 사업을 긍정적으로 포장하지만, 여기에 동원된 숫자들의 근거는 수상하다. 이런 현상은 단지 지역 마스코트와 관련된 것뿐만이 아니다. 일상생활에서 늘상 홍보되는 수백억 엔 혹은 수천억 엔의 '경제효과'가 실물경제로 파급되어 경제성장을 주도해 간다면 일본의 경제성장은 만만세이지만 절대 그렇지 않다. 그래서 우리는 지역 활성화 분야의 경제효과도 주의깊게 살펴봐야 한다.

경제효과라는 것은 상당한 착각을 불러일으킨다. 경제효과 '○○억 엔'이라고 하면 세상에 존재하지 않았던 ○○억 엔이 새롭게 '발생=순증(純增)'된 것처럼 인식되게끔 언론에서 발표한다. 그러나 그것은 새빨간 거짓말이다. 지역 마스코트의 경제효과에 대한 문제점을 정리하면 〈그림 1-2〉와 같다. 즉, 경제효과를 홍보할 때에는 '긍정적 효과'만을 뽑아서 산출하지만 실물경제는 그렇게 간단하지 않다.

이러한 상황은 2가지 문제를 안고 있다. 한쪽을 추구하면 부득이 다른 쪽이 소홀해진다는 트레이드 오프(trade-off) 문제와 전체 수급 균형은 좋으나 특정 산업이나 분야로 공급이 한정되면 물가가 상승된다는 보틀넥 인플레이션(bottleneck inflation)의

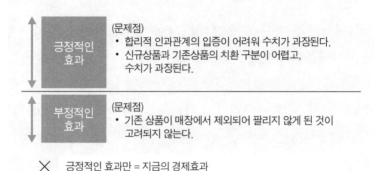

	(문제점)
긍정적인 효과	• 합리적 인과관계의 입증이 어려워 수치가 과장된다. • 신규상품과 기존상품의 치환 구분이 어렵고, 수치가 과장된다.
부정적인 효과	(문제점) • 기존 상품이 매장에서 제외되어 팔리지 않게 된 것이 고려되지 않는다.

✕ 긍정적인 효과만 = 지금의 경제효과

○ 긍정적인 효과 - 부정적인 효과 = 본래 이미지화된 경제효과

그림 1-2 지역 마스코트 경제효과의 문제

발생이다.

예를 들어 기념품 가게에서 지역 마스코트 관련 상품만 진열하면 그만큼 원래 진열됐던 다른 상품들은 밀려나게 된다. 지역 캐릭터 관련 상품으로 100만 엔의 매출이 발생해도 그 100만 엔만큼 다른 상품은 매장에 진열되지 못하게 된다. 진열되지 못한 상품의 매출이 80만 엔이었다고 가정하면 지역 마스코트로 인해 증가된 금액은 단지 20만 엔뿐이다.

숙박시설도 마찬가지다. 관광객이 계속 증가하면 지역 내 관광소비액도 증가할 것 같지만 꼭 그렇지만은 않다. 어느 지역에 숙박시설의 객실 수가 3,000개밖에 없고 모두 트윈형이라 가정해 보자. 6,000명밖에 숙박하지 못하는 지역에 뭔가 큰 이벤트가 있어서 한꺼번에 1만 명이 방문한다 해도 1만 명 모두가 그 지역에서 묵는 것은 불가능하다. 그래서 1박 2일 행사로 아무리 많은 사람들이 방문해도 1인당 관광소비액은 그 지역에서 숙박하지 않는 사람에게는 기대할 수 없다. 즉, 6,000명밖에 숙박할 수 없으니 1만 명 관광객이 오더라도 숙박하지 못하는 4,000명의 관광소비액은 무용지물인 것이다. 게다가 관광객 6,000명이 숙박하게 되면 평상시 묵던 숙박객이 밀려나기 때문에 그 숙박객 만큼의 소비는 줄어들게 된다.

이처럼 어떤 일에든 제약이 있기 때문에 단순하게 '유명해지면 된다', '사람들이 많이 오면 된다'라는 막연한 방식은 지역 활성화에 도움이 되지 않는다. 그럼에도 여전히 지역 마스코트 사업을 평가할 때는 이러한 부분을 다 무시한 채 '경제효과'만 강조되고 있다.

쿠마몽의 경제효과는 진실일까?

'쿠마몽'의 경우, 일본은행 구마모토 지점이 발 빠르게 2013년 말 '1,000억 엔 넘는 경제효과'를 강조했다. 그러나 그 숫자의 근거를 보면 '쿠마몽을 붙인 관련 상품 매출액'에 대한 설문조사가 전부다. 앞에서 언급했듯이 실제로 경제 전체 관점에서의 마이너스 효과도, 기존 제품으로 치환되는 것도 고려하지 않은 채 무엇이든지 더하는 덧셈 효과가 발휘됐다. 이런 식의 데이터를 접하게 되면 다른 지자체들도 단번에 '쿠마몽처럼'에 빠져들게 된다.

더 심각한 문제는 이런 캐릭터 제품들이 팔리는 이유가 제품의 기술 성능과 서비스의 우위성이 높아진 결과가 아니라는 것이다. 상품 개선 등의 꾸준한 경영 노력 없이 단순히 지자체에 의지해 마스코트 유행에 편승하며 상품을 판매하는 것이다. 이런 것이 지역 활성화 방안이라면 그건 허상이고 지속적일 수도 없다.

물론 개별 민간기업이 함께 자금을 투자해 마스코트 브랜드를 만들어 홍보하는 것이라면 이해할 수 있다. 하지만 '대량 판매(mass marketing)'를 목표로 상품의 질이 빈약함에도 불구하고 '마스코트 인기'를 이용해 어떻게든 물건만 팔아보려는 얄팍한 꾀에 하필 지자체가 전력을 다해 세금으로 추진한다는 사실이다. 게다가 이런 것을 '지역 활성화를 위한 비장의 카드'라고 하니 지자체들의 정책 기획능력이 얼마나 부족한지, 정말 심각한 문제가 아닐 수 없다.

'지역 마스코트' 정책은 합리화되기 쉽다

일본의 지자체들은 보여주기식 경제효과를 얻기 위해 재정을 총동원해서 지역 캐릭터에 투자하고 있다. 막대한 예산을 들여 캐릭터를 만들고 홍보영상과 TV광고 등 미디어 홍보 전략도 펼친다. 지역 마스코트 그랑프리 인기투표에는 지자체 공무원들도 동원돼 열심히 투표한다. 대회에서 우승하기 위해 막대한 예산을 광고 대행사에 지불하기도 한다. 이렇게 되면 결국 지역 마스코트 사업은 캐릭터를 활용하는 민간기업을 비롯한 대행업자들에게 세금을 갖다 바치는 것과 다름없다.

냉정하게 생각해보면 일회성 반짝 장사에 불과하다. 심지어 캐릭터 비즈니스 영역에 진지하게 접근하는 기업 입장에서 보더라도 지자체가 세금을 쏟아부으며 전국 단위에서 경쟁하는 것 자체가 전혀 합리적이지 않다. 극히 드문 일부의 성공사례에 이끌려 모두가 그곳에 뛰어들어 '2등이라도, 3등이라도…'를 목표로 세금을 사용해 '난투극'을 벌이는 것이다. 이건 정말 쓸모없는 경쟁이라고밖에 할 말이 없다.

그러나 가끔 귀여운 캐릭터는 정말 이상한 디자인이 아닌 이상 현지 행사에 등장하면 아이들로부터 큰 인기를 얻기도 한다. 또한 캐릭터를 포장지에 사용해서 이득을 보는 현지 사업자들도 있어서 그들로부터는 지지를 받기도 한다. 게다가 투자하는 예산도 전시행정에서 보면 얼마 되지도 않는 몇천만 엔에서 몇억 엔 정도여서 드러내놓고 반대하기도 어렵기 때문에 결국은 정책적으로 채택되기 쉽다.

일본 지자체 재정은 궁핍한 곳이 적지 않다. 지역경제에서 개선해야 할 것이 산더미처럼 쌓여 있는데, 어찌 된 일인지 외부와 경쟁하는 지역 마스코트 사업에 격전을 벌이고 있는 것이 현실이다. 2014년 재정 파탄 우려가 있다고 발표한 치바 현의 홋쓰시조차 지역 마스코트에 열을 올리고 있어서 나도 모르게 "정말 괜찮을까"라는 질문을 던지고 싶어졌다.

물론 괜찮지 않을 게 뻔하지만.

지역 마스코트, '도박'이 아닌 지역경제 '개선'에 본질적으로 접근하자

지역 마스코트 따위에 예산을 들여가며 전국 단위로 싸우기 전에 현지의 경제활동을 냉철하게 살펴봐야 한다. 개별 상품의 경쟁력을 높여 부가가치를 올린다거나 지역 내 유휴시설을 활용해 신규 창업자를 늘리는 등의 소소한 활동을 펼치는 편이 오히려 지역에 고용도 창출되고 다른 지자체와의 불필요한 경쟁에도 말려들지 않는 방법이다.

그러나 지자체 관계자에게 "지역 마스코트와 같이 생산성 낮은 사업은 그만두고 다른 걸 좀 해봐요"라고 권유하면 빈축만 사고 만다. 지자체들은 열심히 캐릭터를 히트시켜 연관된 상품으로 현지 기업이 일시적으로라도 이득을 보면 좋은 소리를 듣기 때문에 마스코트 개발사업을 더 선호한다. 그러나 히트 치는 캐릭터는 일부에 불과하고, 결국 대부분은 비용 낭비로 끝난다.

지자체가 추진하는 지역 활성화 정책은 대부분 그 당시 이슈가 되거나 수치적으로 근거가 명확하지 않지만 겉으로 보기에 경제적 효과가 나타날 것 같은 콘텐츠에 집중하는 경향이 높다. 그러다 보니 지역 마스코트 사업처럼 모든 지자체가 한꺼번에 달려들어 격렬히 싸우고 최후에는 용두사미로 끝나는 사업이 많다. 어느 지역도 행복하지 않은 소모적인 전투가 매번 벌어지는 것이다. 그러는 동안 "이것은 이미 한물가서 더 이상 효과가 없다"라며 다음으로 무의미한 싸움터가 될 또 다른 '활성화 사업의 콘텐츠'를 찾아 헤맨다.

전부라고는 할 수 없지만 이런 일들이 반복되고 있으니, 그야말로 수십 년째 지역 활성화 사업에 몰두해도 지자체 세입은 좀처럼 늘지 않고 세출만 증가해 재정은 날로 악화되고 있다. 그러다가 이제는 "지자체가 파탄난다!", "지방이 소멸 위기다!"라며 소란을 피우더니, 결국 "지방창생이다!!"로 흘러가고 있다.

지역 마스코트 사업에서 얻을 수 있는 교훈은 적어도 지자체가 주도하는 지금과 같은 방식의 지역 활성화 정책은 이제 그만해야 한다는 것이다. 지역에서 민간이 착실하게 사업을 수행하면서 성과를 차근차근 쌓아가는 것이야말로 지역을 활성화하는 가장 신뢰할 수 있는 전략이다.

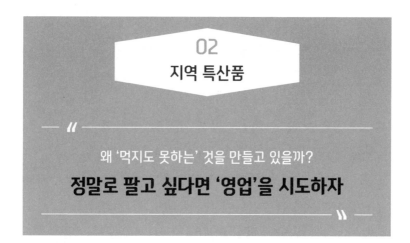

"

왜 '먹지도 못하는' 것을 만들고 있을까?

정말로 팔고 싶다면 '영업'을 시도하자

"

전국 각지의 콘텐츠 개발 사업 중 빼놓을 수 없는 것이 있다면 바로 지역 특산품 개발이다. 지역 재료를 활용해 제품을 개발하고 그것이 폭발적으로 팔리면 지역이 재생된다는 희망으로 전국 각지에서 추진되고 있다. 그러나 그런 노력이 성과를 거둬 실제로 지역이 활성화된 사례가 있는지 손을 꼽으라고 하면 고개를 갸우뚱거린다. 심지어 지역을 방문했을 때 '엊그제 만든 특산품'이라며 나온 상품 중에 딱히 먹을 만한 것이 못 되는 경우도 많다.

그런데 왜 이런 특산품 개발 사업을 계속하는 것일까? 그 이면에는 지역이 안고 있는 몇 가지 문제가 있기 때문이다.

예산투입형 '특산품 개발'의 문제점은 무엇일까?

1차산업이 주력인 지역에서는 특산품 개발이 '지역 활성화의 히든카드'로 불린다. 지역협의회를 구성해 "우리 마을 특산품을 만들자!"는 활동을 추진한다. 6차산업화와 농상공 연계 그리고 최근에는 '고향 명품'이란 말도 나온다. 실로 다양한 부처와 지자체가 특산품 개발지원에 예산을 투입하고 있다.

지자체는 왜 특산품 개발 사업을 선호할까? 그것은 지역 원재료를 가공한 특산품을 만들어 판매까지 할 수 있다면 원재료 그대로 판매하는 것보다 훨씬 이득이 될 것이라는 기대감 때문이다. 예를 들어 유자를 그대로 출하하는 것보다 유자를 이용해 식초로 가공하면 더 높은 가격에 판매할 수 있고 더 많은 수익이 생긴다. 이런 논리 자체는 틀리지 않다. 그러나 문제는 특산품이 그리 쉽게 팔리지 않는다는 현실이다.

소매점을 보면 특산품뿐만 아니라 다양한 제조사의 제품들이 경쟁하고 있다. 제품을 만드는 것은 좋지만 '전혀 팔리지 않거나' 또는 '납품조차 하지 못하는 경우'도 흔하게 발생한다. 그럼에도 특산품 개발지원 예산 규모는 점점 증가하고, 때로는 '예산이 배정되어 있기 때문에' 어쩔 수 없이 제품을 만들어야 하는 경우도 있다.

특산품 개발의 '환상', 지역 제품이면 꼭 팔릴까?

'팔리지 않는 특산품'이 계속 만들어지는 이유는 무엇일까?
예산투입형 특산품 개발에는 3가지 문제점이 있다.

문제점 1 : 제품 자체가 잘못된 경우

제품 자체가 단순히 성공한 제품의 복제품이거나 트렌드만
좇기 때문이다. 잼, 주스, 카레와 같이 이전에 이미 다른 지역에
서 성공했기 때문에 쉽게 모방하거나, '마시는 식초'처럼 당시
의 '유행'을 따라가는 경우다. 정부 보조금이 필요할 정도로 자
본력도 없는 생산자 · 가공자임에도 불구하고 경쟁이 치열한 인
기 상품 시장에 뛰어들면서 다른 변수들은 고려하지 않은 채 만
들면 팔릴 것이라는 희망만으로 시작하는 것이다.

문제점 2 : 원재료가 잘못된 경우

근거도 없으면서 무슨 이유에서인지 '우리 지역의 것이 일본
에서 제일 맛있다'고 착각하며 그것을 전제로 프로젝트가 진행
되는 경우다. 더군다나 '예전에 과잉생산으로 버려졌던 재료를
사용한다'고 홍보도 한다. 즉, 팔고자 하는 최종 제품의 이미지
에서 원재료를 선택하는 것이 아니라, 지역자원이라는 이유만으
로 현지의 원재료에서 상품이 출발하는 것이다.

문제점 3 : 가공기술을 과신하는 경우

'신기술을 도입하면 팔릴 것이다'라고 착각한다. 새로운 냉동기술을 도입하려고 벼르고 별러서 고액의 생산설비를 도입하는 것까지는 좋다. 그런데 정작 소매점 측에서는 "냉동은 냉동이니까, 품질이 한 단계 떨어지는군요"라며 헐값에 매입하려 한다. 이러면 설비투자금액을 통째로 손해 보는 것이다. 기술적 요구가 있다고는 하지만 과연 그것이 가격으로 반영될 수 있는지는 고려하지 못한 것이다.

가장 심각한 문제는 제품, 재료, 기술 3가지 모두를 선택하는 경우다. 그러면 결국 구체적인 상품 이미지가 모호해져 정합성이 떨어지게 된다. 그 결과, '현지 양파를 사용한 소주', '이상한 색깔의 채소를 사용한 카레' 등 판매를 논할 수도 없는 수준의 제품이 대량 생산된다. 지역을 방문했을 때 이런 '팔리지 않는 것'을 시식한 적이 여러 번 있었는데, 이럴 때마다 왜 이런 상품이 나오는지 매우 씁쓸한 기분이 든다.

'먹을 수 없는' 특산품이 생겨나는 이유

그렇다면 왜 이런 상품들이 계속해서 나오는 것일까? 그 배경에는 특산품 개발이 생산자, 가공자, 공무원으로 구성된 '협의회 조직'이 중심이 되기 때문이다. 그렇다 보니 정작 중요한 소비처인 판매자나 소비자는 거의 관여하지 못하는 구조적인 문제가 발생한다. '생산 후 판매'라는 순서로 진행되기 때문에 초기 단계에서는 판매자와 소비자에 대해서는 관심을 두지 않는다. 그 때문에 가격을 결정할 때도 원재료비, 가공비, 유통비를 계산하고 생산자와 가공자가 원하는 이익을 추가해 산출하는 '비용누적(적립)방식'으로 이뤄진다. 결과적으로 아무렇지도 않게 '초고가 상품'이 된다.

물론 합리적인 이유로 가격이 높게 책정된다면 괜찮다. 그런데 경비가 누적된 결과로써 고가가 된다면 생산자의 정신승리일 뿐, 판매자나 구매자 입장에서는 받아들일 수 없는 가격이 된다. 판매자도 소비자도 부재한 상태에서 책정된 가격으로 내놓은 특산품들이 팔릴 리는 만무하다.

그러면서 상품가격이 높게 책정됐을 경우, 그 해결 방법으로 '도쿄나 해외에 있는 부유층에게 판매하자'는 의견도 때때로 나온다. 거짓말 같지만 진짜 얘기다.

이런 말을 하는 나에게도 그런 쓰라린 경험이 있다. 이전에 지역 특산품 개발 협의회에 관여했을 때다. '마시는 식초'가 유행하던 시기에 우리 지역에서도 알아주는 과일로 만든 식초를 비교적 비싼 가격에 대대적으로 판매하자는 아이디어였다.

그렇게 간단한 일이 아니라고 확신한 나는, 예전부터 친숙한 '와세다 상점회'에 소속된 가게에 부탁해 입맛이 까다로운 단골 고객들을 대상으로 조사했다. 결과는 예상 밖이었다. 고가라서 평소 일반 식초를 구입하던 소비자들은 거들떠보지도 않았다. 관심을 갖는 쪽은 고급 식초를 애용하는 소비자들뿐이었다. 그런데 그런 소비자들은 역시 전 세계의 식초에 대해 너무나 잘 알고 있어서 반응은 냉혹했다. "이런 종류의 식초라면 북유럽산의 ○○이 맛있다", "마시기에는 산도가 너무 높다", "병 디자인을 바꿔야 한다" 등 엄격한 피드백을 많이 받았다. 상품 자체가 부유층을 겨냥한 것이 아닌, 단순히 고가인 것만으로는 입맛과 감각이 뛰어난 부유층에게 어필될 리가 없다. 그들은 오히려 생산자보다 더 많은 지식과 정보를 갖고 있다.

반면, 너무 비싸서 팔리지 않을 것을 우려한 나머지 보조금으로 각종 경비를 지원하고 감액해 눈가림으로 싼값에 판매하는 경우도 많다. 이런 경우에는 보조금이 끊기면 당연히 가격이 인상되고 결국은 팔리지 않게 된다.

상품 가격이 사업상 책임자의 합리적 판단에 의해 결정되는 것이 아니라, '협의회에 참여한 사람들의 합의'에 따라 흔들리게 된다. 지자체로부터 의뢰받고 특산품을 취급했던 판매점들이 그렇게 마구 흔들리는 지방 특산품 개발에 휘둘려 지치는 경우도 꽤 있다. 보조금 부족이나 중단으로 인한 갑작스런 가격 인상은 그나마 나은 편이다. 최악의 경우 연말에 예산이 소진되어 갑자기 생산이 종료되거나, 위탁판매의 경우에 보조금 감액을 이유로 갑자기 결제가 중단되는 사례도 있다.

보조금 지원 사업에서 통용되는 원리는 보편적인 시장원리에서는 전혀 통하지 않는다. 보조금 지원 사업에서 통용되는 방식으로 대응하면 판매점 측으로부터 '다시는 거래하고 싶지 않다'는 통보를 받게 될 가능성이 높다. 생산단계에서 보조금을 지원받더라도 특산품을 판매하고 싶다면 시장과 경쟁해야 한다는 사실을 결코 잊어서는 안 된다.

특산품 개발사업에 필요한 것은 '예산'이 아니라 '영업'이다

그런 관점에서 '도쿄 채소가게 모임'은 특산품 개발에서 좋은 사례다. 도쿄에 있는 3곳의 작은 채소가게가 보조금 없이 자신들의 판매력만으로 생산자와 연계해 독자적인 특산품을 개발한 사례다.

구체적으로 어떻게 했을까?

2014년 각 채소가게에서 30명씩 총 90명의 '고객 모니터링단'을 모집해 신메뉴를 시식하게 했다. 주메뉴를 결정하고 그 후에

도쿄 채소가게 모임
도쿄 채소가게 모임은 보조금 없이 '자신들의 판매력'만으로 생산자와 연계한 '특산 품 개발'에 성공했다.

각각의 채소가게가 판매량을 약속했다. '판매량 약속', 이것이 중요하다! 약속된 판매량을 기반으로 생산지에 발주하고, 매출에 따라 추가 발주를 해나가는 방식이다.

　제1탄은 고치 현의 생산자와 연계한 '양파 피클'로 지금까지도 순조롭게 판매될 뿐 아니라 오히려 수요를 따라가지 못할 정도다. 이 사례에서 분명한 것은 특산품 개발에 필요한 것은 예산이 아니라 영업이라는 것이다. '도쿄 채소가게 모임'과 같은 작은 가게도 자신들의 고객에 대한 확실한 영업이 이뤄질 때 생산지와 연계한 특산품 개발이 가능하다는 것을 보여주고 있다.

　영업력 있는 판매점은 판매 가능한 상품을 생산자와 함께 처음부터 연계해 생산한다. 정해진 물량만큼 판매 계약을 하기 때문에 생산자 위험부담이 적다. 그리고 판매점이 상품기획부터 고객 모니터링까지 진행하기 때문에 받아들여지기만 하면 곧바로 판매로 이어진다. 그리고 판매물량은 실적을 토대로 서서히 증가시킨다. 애당초 행정예산이 투입되지 않았기에 모든 것이 '자연스러운 흐름'으로 이어져 무리 없이 지속될 수 있다.

'행정예산의 힘'으로 진행되는 '내부거래'와 '제멋대로인 거래'가 난무하는 과거의 방법으로는 지역 활성화는커녕 지역의 신용마저 잃어버릴 수 있다. 이제는 판매와 영업을 중심에 두고 시장과 경쟁해서 생산부터 판매까지의 사이클을 검토하고 개선하면서 판매량을 증가시켜 가는 구조를 정착시켜야 한다. 그렇게 되었을 때 지역 활성화와 연결된 특산품 개발도 성공할 수 있다.

지역 브랜드

평범한 지역에서 흔해빠진 상품으로 도전하는 무모함

판매 시기, 판매처, 판매제품을 계속 변화시켜 가자

특산품 개발 사업의 폐해는 정부 보조금으로 팔리지 않는 상품이 생산되는 것만으로 끝나지 않는다. 오히려 최근에는 '지역 브랜드'라는 마케팅 방식까지 덧붙여지면서 문제가 더 커졌다. 팔리지 않는 특산품에 브랜드를 붙이면 팔릴 것이라는 막연한 기대감이 추가된 것이다. 가뜩이나 팔리지 않는 상품이 어떻게 '브랜드'가 될 수 있는지부터가 불명확하지만, 그 불가사의가 그대로 통하는 것 또한 지역 활성화 분야이기도 하다.

팔리지 않던 상품이 갑자기 '지역'을 내세운 브랜드가 되어 팔린다면 그것이 오히려 수상한 돈벌이나 다름없다. 그런데도 지역 브랜드 개발 사업은 2006년에 시작된 지역 단체 상표제도를 계기로 전국적으로 확산됐다. 〈표 1-1〉은 일본 도도부현의 '지역 브랜드'를 정리한 것이다.

표 1-1 지역 단체 상표등록 건수 및 출원 건수(2016년 3월 31일 기준)

우리가 살고 있는 도도부현에 이렇게나 많은 '지역 브랜드'가 있다는 것을 알고 있을까?

도도부현	등록 건수	출원 건수	도도부현	등록 건수	출원 건수
홋카이도	27	51	시가	10	28
아오모리	9	18	교토	62	150
이와테	5	10	오사카	11	15
미야기	6	14	효고	35	63
아키다	9	16	나라	11	15
야마카다	10	22	와카야마	13	17
후쿠시마	4	15	돗토리	6	6
이바라키	2	7	시마네	7	12
도치기	8	10	오카야마	6	12
군마	9	13	히로시마	14	26
사이타마	5	11	야마구치	6	9
치바	14	24	가가와	5	7
도쿄	17	32	도쿠시마	6	8
가나자와	8	19	고치	5	9
니가타	12	34	에히메	11	17
나가노	8	29	후쿠오카	17	27
야마나시	5	12	사가	7	9
시즈오카	21	35	나가사키	8	18
아이치	15	34	구마모토	12	19
기후	29	42	오이타	12	15
미에	15	28	미야자키	7	18
도야마	9	15	가고시마	14	23
이시카와	28	41	오키나와	15	42
후쿠이	16	24	해외	3	9

출처: 특허청 자료를 통해 저자 작성

오래전부터 알려진 요네자와규(米沢牛)나 오마(大間)참치처럼 성과가 있는 지역 브랜드가 상표로 등록되는가 하면, 아무런 목적도 없이 그냥 막연히 시도해 보는 지역 브랜드도 결코 적지 않다.

그리고 일부 성공사례를 모방해서 지역 단체와 컨설턴트가 짜고 보조금을 이용할 목적으로 대응하다가 실패하고 결국 좌절되고 마는 일도 꽤 자주 반복된다.

지역 브랜드 사업에서 빠지기 쉬운 함정

애초에 대부분 지역에서 갑자기 브랜드 개발 사업을 추진하는 것 자체가 합리적이지 않다. 실패하는 배경에는 크게 3가지 이유가 있다.

이유 1 : 브랜드화에 적합하지 않은 '평범함'

지역 브랜드는 어느 정도라도 알려진 지역과 특징 있는 상품이 결합돼야 성공할 수 있다.

단순히 이름만으로 지역 특성이나 역사를 쉽게 떠올릴 수 있고, 가치를 상승시키는 브랜드 힘이 내재된 지역은 그리 많지 않다. 많은 지역에서 브랜드로 내세우는 육류, 어류, 조개류, 쌀, 생수와 같은 자원이나 산, 농촌풍경, 바다, 강과 같은 관광

자원은 사실 일본 각지에 널려 있는 유사한 자원들이다.

이런 지역이 안 된다는 것이 아니다. 다만, 평범함에도 불구하고 인위적인 지역 브랜드에만 의존해 지역 활성화를 추진하는 것 자체가 적절치 않다는 것이다.

이유 2 : 컨설팅 회사가 만들어 어느 지역에나 적용될 수 있는 브랜드

지역 브랜드를 추진하는 농협이나 상공회의소 같은 단체에서도 자체적으로 자금을 조달하고 투자하는 곳은 드물다. 대부분은 정부나 지자체 보조금을 활용해 컨설팅 회사에 의뢰해 계획을 세운다. 외부에서 온 이름뿐인 컨설팅 업체들은 계약을 따내기 위해 '이렇게나 맛있는 것, 이렇게 아름다운 경치는 무조건 브랜드가 된다'고 칭송하면서 브랜드 개발 사업은 시작된다.

결국 어느 지역에서나 볼 수 있는 다음과 같은 '지역 브랜드 7종 세트'가 등장한다.

① 흔한 상업적 문구(일본 제일의 ○○)
② 어설픈 지역 상품 선정
③ 막연하게 지역명을 차용한 브랜드명
④ 그럴듯하게 디자인된 로고
⑤ 예쁜 사진을 사용한 대형 포스터
⑥ 알맹이 없는 그럴싸한 웹 사이트
⑦ 도쿄의 인기 있는 장소에서의 이벤트

비슷한 과정을 거치면서 어느 지역이나 비슷한 농산물을 활용한 특산품이나 관광 상품이 개발된다. 고부가가치의 브랜드화를 목표로 하지만 현실은 동일한 프로세스로 평범한 제품이 만들어진다. 결국 만들어진 제품은 지역의 미치노에키* 정도밖에 진열되지 못한다. 그리고는 예산 종료와 함께 컨설팅 업체는 떠나고 일회성의 '자칭 지역 브랜드'만 지역에 남는다.

이유 3 : 자원이 부족한데도 난이도 높은 브랜드를 추구하는 비합리성

원래 브랜드 형성은 매우 난이도 높은 마케팅 기법이다. 상품은 물건 자체, 가격 설정, 서비스, 브랜드라는 4가지 방법으로 차별성을 드러낸다. 그중에서도 브랜드 차별화는 고객들이 특별한 감성을 느껴 다른 상품보다 더 적극적으로 상품을 구입하고 싶게 하는 정성적인 무형의 자산을 형성해야 하는 것으로, 시간과 노력을 동시에 필요로 하는 매우 어려운 전략이다. 대기업이 거액을 투자해도 하루아침에 만들어내기 어렵고, 브랜드 수정 또한 쉽지 않아 원치 않을 경우에도 어쩔 수 없이 그대로 사용하는 것, 그것이 브랜드다.

---

* 미치노에키(道の駅): 일본 국토교통성의 관리하에 각 지자체가 설치한 도로변 휴게소. 이 책 제2장(08. 미치노에키) 참조

브랜드 만들기보다 중요한 것은 부가가치 향상

사실, 지역 쇠퇴 국면에서 사람, 상품, 자본이 만성적으로 부족한 지역에서 활성화를 목표로 시간도 필요하고 예산도 필요한 난이도 높은 브랜드 만들기를 추진하는 것 자체가 전혀 합리적이지 않다.

그래서 우선은 판매 방법과 제조 방법을 특성화해 상품의 부가가치를 높이는 방법을 찾는 것이 훨씬 중요하다. 다시 말하면, 브랜드를 만들어서 상품 가치를 향상시키는 것이 아니라 거꾸로 상품의 부가가치를 향상시켜 브랜드를 형성하고, 그것이 다시 상품의 판매량 증가로 이어지도록 만드는 것이 필요하다.

그렇게 했던 실례를 살펴보자.

사례 1 : 아무도 팔지 않을 시기에 판매하자

상품 가치를 높이기 위해서는 '아무도 팔지 않을 때 파는 방법'이 있다. 지역의 어패류를 전국 어시장에서 지방 공항을 거쳐 하네다 공항에 모아놓고 도쿄와 해외로 판매하는 '하네다 시장'이 좋은 사례다.

연말연시는 가족이나 친구들과 모임이 많아 생선 소비량이 증가한다. 그런데 도매시장은 닫혀 있고 새로운 생선은 유통되지 않는다. 그래서 하네다 시장에서는 연말연시 기간에 지방의 어업인들과 연계해 지방 공항을 통해 갓 잡은 신선한 생선을 공수해 도쿄의 백화점 등에 판매한다. 아침에 잡힌 생선이 저녁에 도쿄의 밥상에 올라온다. 이것이 큰 인기를 끌어 고가로 거래되고 있다. 지방의 어업인들은 높은 가격으로 거래할 수 있어서 의욕적이다. 열정적인 어부는 어패류 손질에 공을 들이고 상품 자체도 개선하는 등 노력하며 자신의 이름을 넣은 전단지도 붙인다. 때로는 전화나 페이스북을 통해 지명구매도 이뤄진다.

새로운 유통 시스템에 대응해 아무도 팔지 않는 시기에 판매함으로써 지방 상품의 부가가치를 높인 사례다. 브랜드 만들기보다 오히려 효과 높은 전략이다.

사례 2 : 가게의 특정 메뉴를 겨냥한 맞춤형 품종을 재배해 판매하자

자신만의 독자적 경영으로 유명한 히사마츠농원이 좋은 사례다. 이 농원에서는 시장에서 유통되는 일반적인 품종을 키워 판매하는 것이 아니라, 거래하는 음식점 판로를 먼저 개척하고 그 음식점 요리사가 고안한 메뉴에 맞춰 맞춤형 채소 품종을 선정하고 경작 · 재배하는 방식을 시도하고 있다.

양상추를 예로 들자면 대량 생산되는 일반 품종을 소량 재배하면 남는 게 없다. 그러나 거래 음식점의 겨울 메뉴인 '양상추 전골'에 적합한, 열을 가하면 맛이 좋아지는 양상추를 개발해 경쟁력을 높였다. 다른 어디에도 없는 이 거래 음식점만이 가진 고유의 가치를 제공하면서 농산물의 상품성을 올리고 있다.

이런 노력은 실적을 올릴 뿐 아니라 '브랜드'도 창출하고 있다. 브랜드 만들기를 먼저 시작한 것이 아니라 고객에게 대응해 유통구조를 변화하거나 고객에 맞춰 상품까지도 바꿔 고객과의 관계를 새롭게 형성한다. 결과적으로 고객들의 열렬한 지지를 받고 신용이 확대됐고 신뢰도가 단단해져 안정된 거래로 발전했다. 브랜드가 좋아 상품이 팔리는 것이 아니라 상품 판매의 결과로 브랜드가 형성되는 것이다.

이런 사례에서 볼 때, 결국 브랜드란 일상의 축적 위에 성립된 결과라 할 수 있다. 자신들은 아무것도 변하지 않고 단순히 보조금을 활용해 브랜드 만들기로 인생역전을 꿈꾸는 상황에서는 좋은 성공사례가 나올 수 없다. 우선은 지역의 생산자와 그 관계자들이 적극적으로 시대의 변화에 대응해야 한다.

04
프리미엄 상품권

"

왜 다른 지역과 '똑같은 방식'으로 할까?
보편보다 특화로 지역을 살리자

"

지역 특성화를 위한 콘텐츠 선택에는 47개 도도부현 약 1,800여 개의 지자체가 모두 '동일한 콘텐츠'를 선택하는 획일성이 가장 큰 문제다. 많은 지역에서 자체적으로 콘텐츠를 창출할 능력이 부족하다 보니, 정부는 이왕이면 많은 지역에서 선례가 있는 사업을 지원하게 된다. 결국 '지역 마스코트', '지역 특산품', '지역 브랜드' 사업처럼 전국 어디에서나 동일한 사업이 진행된다.

정부나 지자체의 '일률적 방식'이 변화됐다고는 하지만 유감스럽게도 여전히 강하게 남아 있다.

그 일률적 방식의 대표적 사례가 '프리미엄 상품권'이다. 미디어에서도 자세하게 보도됐지만, 중앙정부가 지방창생 관련 교부금을 배분하면서 프리미엄 상품권이라는 메뉴를 제시한 순간 1,739개 시정촌(기초자치단체)과 30개 도도부현(광역자치단체)이 프리미엄 상품권 추진계획을 들고 나왔다. 당시 일본의 기초자치단체는 1,741개로 사실상 거의 100%의 기초지자체들이 추진한다 해도 과언이 아니다. 프리미엄 상품권과 유사한 여행 상품 할인사업 또한 도쿄를 포함한 47개 광역자치단체에서 추진하고 있다. 프리미엄 상품권에 대한 찬반이나 효과에 대한 논쟁은 차치하고, 중앙정부에서 정책이 나오는 순간 '다른 지자체에 추월당하지 마라!'가 기조가 되어 전국 어디에서나 똑같은 사업이 진행되는 것이 현실이다.

어떻게 하면 특화된 콘텐츠를 만들어낼 수 있을까?

예전에는 상점가의 판매 촉진 사업은 회비 등을 활용해 민간 주도로 진행됐다. 상점가에서 발행한 프리미엄 상품권은 평소보다 많은 고객을 그 상점가로 끌어들여 상점가 점포들이 프리미엄에 해당하는 금액을 분담해도 평소보다 많은 고객이 유입되기 때문에 매출이 증가한다. 결과적으로 지역 전체로 이익이 환원되는 구조다. 이런 방법은 경제가 성장하는 박리다매 시대에 유행한 방식이다.

그러나 이런 방식은 현대의 수축사회에서는 제로섬게임에

지나지 않는다. 문제는 이런 박리다매 판촉 방법을 언제부터인가 지자체가 보조금으로 지원하고 있으며, 이제는 전국이 일률적으로 세금을 투입하는 정부 정책이 되고 있다는 점이다. 더 이상 특정 지역의 사업이 아니다. 소비자들은 굳이 어느 한 지역을 선택해서 프리미엄 상품권을 사용할 이유가 없어졌고 따라서 지역 활성화 효과도 미미해졌다.

지금 지역에 필요한 것은 특정 사람들만이라도 열렬히 지지하는 독특한 콘텐츠를 준비하는 것이다. 실제로 다른 지역에 없는 현지의 '인재'와 '환경 변화'에 적합한 것들을 찾아내 독특한 방식의 판매를 통해 성과를 올리는 경우도 있다. 성공신화를 일으킨 지역에서는 쓸데없이 할인하지 않고 오히려 비싼 가격으로 판매하는 방향으로 틀고 있다. 할인을 통한 박리다매가 아니라 특정계층을 겨냥한 맞춤형 판매다.

이에 대한 2가지 사례를 소개한다.

사례 1 : 유명 배구 지도자들이 만든 민간 체육관

이와테 현 시와초의 오가르 지역은 '지역 인재 발굴과 활용'으로 성공한 대표적 사례다. 사례를 소개하기 전에 당부하고 싶은 것은 '오가르 지역이 특화된 노력으로 성과를 올렸다'고 해서 타지역에서 무작정 이것을 베끼고 적용하는 것은 무의미하다. 지역 특성을 무시한 단순 베끼기로는 결코 성과를 낼 수 없다. 중요한 것은 '내발적 자원'에 기초해 실행돼야 한다는 사실이다.

오가르 지역에는 민간자본으로만 지어진 '오가르 아레나'라는 배구 전용 연습 체육관이 있다. 일률적인 세금으로 지원된 전국 상당수의 체육관은 어떤 경기에든 사용 가능한 다목적 용도다(다른 말로 표현하면 어떤 경기에도 최적이 아니다). 그러나 오가르 아레나는 배구코트 사양 등을 국제기준에 부합하는 특수 설계를 적용했다. 게다가 관람석을 만들지 않고 서브 포즈를 체크할 수 있도록 카메라를 설치하는 등 경기용 시설이 아닌 연습 전용으로 특화했다. 그 결과 불리한 지역 입지에도 전국 각지에서 중학생부터 프로선수까지 많은 훈련 수요로 시설이 풀가동되고 있다. 물론 전국 각지의 방문객을 위한 합숙시설 겸용의 비즈니스 호텔 가동률도 높아지고 있다.

이런 성공 배경에는 현지 출신 체육관 관장인 '오카자키 마사노부'가 있다. 그는 배구 지도자로서 프로팀을 비롯해 다방면에 걸쳐 영업이 가능한 인재여서 이 같은 효과가 발휘됐다. 마사노부 씨의 영업력을 기반으로 체육관을 다목적용이 아닌 연습전용으로 특화함으로써 오히려 더 많은 사람들을 끌어모으는 데 성공한 것이다.

사례 2 : 대상을 사이클 이용자로 한정한 호텔

다음은 환경 변화에 대응해 관광 비즈니스로 성공한 히로시마 현에 있는 복합시설이다.

지역을 관광상품으로 판매하는 경우, '우리 마을은 ○○마을'이라는 등의 에도 시대부터 이어져 오는 전통적인 맥락도 중요하지만, 그것에만 집착하면 천편일률적인 방식에서 벗어날 수 없다. 지역의 역사와 문화를 기반으로 하는 관광상품은 어디에나 널려 있기 때문이다.

그렇다면 어떻게 독자적이고 차별화된 내용을 만들어낼 수 있을까?

히로시마 현과 에히메 현을 연결하는 해상도로인 '시마나미 카이도(しまなみ海道)'*가 건설된 후 세계의 많은 자전거 동호회가 모여들었다. 이런 변화된 환경에 대응한 시설이 히로시마 현 오노미치 시에 들어선 'ONOMICHI U2'라는 복합시설이다. 히로시마 현의 창고를 임대해 활용한 것으로 현지의 젊은 경영자가 설립해 운영하고 있으며 호텔·레스토랑 등이 갖추어져 있다.

ONOMICHI U2의 핵심시설은 사이클 호텔(HOTEL CYCLE)이다. 이 호텔은 사이클 동호인들의 선호도를 반영해 계획됐다는 특징이 있다. 자전거를 탄 채로 호텔 내부까지 진입해 체크인할 수 있고 객실까지 자전거 반입이 가능하다. 동호인들이 고가의 고객맞춤형 사이클을 객실까지 가지고 들어가고 싶어하는 특화된 요구를 반영한 것이다.

타지역과 차별성을 추구하는 경우 일반적으로 전통과 역사에 기반한 콘텐츠를 선택하는 데 반해, 'ONOMICHI U2'는 완전히 다른 차별성으로 지역적 우위를 확보했다.

---

* 약 60km 정도의 자동차 도로로서 도로 대부분에 자전거용, 보행자용, 오토바이용 도로가 병설되어 있으며, 자전거 도로는 약 80km 정도 된다.

ONOMICHI U2

히로시마 현의 창고를 임대해 호텔과 레스토랑 등을 경영하는 'ONOMICHI U2'. 자전거 여행을 즐기는 '사이클 동호회'뿐 아니라 많은 고객으로 붐비고 있다.

'중앙정부에서 지자체로'는 이미 한계?

지역 인재를 활용해 변화하는 환경에 대응한 민간 주도의 독자적 사업이 지역에서 변화를 가져오는 사례도 증가하고 있다. 위의 2개 사례의 특징을 보면, 오가르 아레나와 ONOMICHI U2 모두 지역 인재인 40대 중견 경영자가 주체가 되고 있다. 또 지역 외부로부터 돈을 벌어들인다는 '외화' 획득의 취지와 부합하면서 개별 비즈니스로도 성공하고 있다. 이익창출이라는 공공 마인드로 지역에 공헌하면서 동시에 사적으로도 수익을 창출하는 민간사업 영역이다. 확실히 기존의 활성화 사업과는 차별화된다. 할인을 통한 양(量)적 팽창이 아니라 사용자에게 맞춤형 서비스를 제공하는 특화를 추구하고 있다.

지역 활성화의 주체가 '중앙정부에서 지자체로'가 아니라, 지자체를 뛰어넘어 지역의 중견 · 젊은 경영자 인재로 넘어가고 있다. 이는 중앙에서 지방이라는 관점뿐 아니라 행정(공공)에서 민간으로 변화되고 있음을 의미한다. 우리 지역에도 이런 인재들이 있을 것이다. 획일적 방식에서 벗어나 '내발적' 발굴에 따른 사업을 추진해보자.

> "
> 남에게 의존하는 아이디어로 사업이 제대로 될까?
> ## 성공하려면 '즉시', 그리고 '스스로' 시작하자
> "

'콘텐츠 선택'에 어려움을 겪는 지역들은 누구나가 생각해 낼 수 있는 콘텐츠를 활성화 정책으로 활용하는 경우가 많다. 한편 지역재생이나 활성화에 필요한 새로운 아이디어를 찾아 내서 경쟁하는 '공모사업'이 각지에서 진행되고 있다. 많은 아이디어를 모집해 우수한 것을 활용하면 지역이 활성화될 것이라 생각하지만 사실 그렇게 단순하지 않다.

공모사업에 의한 아이디어 수집은 농림수산업, 공업, 상업 등 다양한 분야에서 전방위적으로 진행되고 있지만 좀처럼 궤도에 오르지 못하고 있다. 왜 그럴까? 그 이유는 신규사업을 방해하는 '보이지 않는 벽' 때문이다. 어느 지역에서나 나타나는 대표적인 '보이지 않는 3개의 벽'을 살펴보자.

"듣지 못했어", "모르겠어":
직접적인 관계가 없는 사람이 만드는 벽

보이지 않는 벽 1 : 부정적인 훈계와 지적이 난무하는 주변 상황

이것은 꼭 공모사업에만 한정된 것은 아니다. 지역에서 새로운 사업을 시작하는 초기 단계에서 나타나는 다양한 반응들이다. 곧 새로운 사업이 시도된다는 것을 눈치채고 전혀 관계없는 사람들이 관심을 보인다. 어떤 사람은 '들어보지 못했다'고 해서 설명을 하면 "이런 사업은 통 알 수가 없네"라고 핀잔을 주기도 한다. 그래서 이런 반응들을 무시하는 것처럼 보이면, 이번에는 "이 사업은 잘되지 않을 거 같아" 등 마치 걱정하는 척하면서 나쁜 소문을 퍼뜨리기도 한다. 불필요한 훈계나 심지어 지적질도 일삼는다.

지역 사업이 어려운 것은 이처럼 사업과 직접적인 이해관계자가 아니면서 리스크도 감당하지 않고 사업에 영향을 받지도 않는 사람들까지 '연락'과 '이해'를 요구하는 경우가 많기 때문이다. 이것은 사소한 것 같지만 사실은 아주 큰 장애물이다. 중요한 것은 새로운 사업을 시작하는 초기 단계에는 이런 일에 일일이 대응할 여유가 없다는 것이다.

사업 초기 단계에는 가능한 모든 에너지를 사업에 집중하지 않으면 성과를 내기 어렵다. 하지만 지역에서는 사업과 직접적인 관계가 없는 사람들로부터 여러 가지 방해가 들어오기도 한다. 때로는 친절을 가장하기 때문에 대응하기가 애매할 때도 있다. 이 첫 단계를 잘 넘기지 못하면 사업이 점점 왜곡되고 지연되면서 제대로 실행해 보지도 못하고 망하는 경우가 발생한다.

보이지 않는 벽 2 : 심사 능력을 갖춘 심사위원의 부재

공모사업 자체도 문제가 많다. 공모사업의 상당수는 지역에서 새로운 아이디어를 가진 젊은이들이 계획안을 발표하고 심사를 거쳐 상금이나 보조금을 지원받는 방식으로 진행된다. 아마도 이런 절차와 방식은 전국적으로 거의 동일할 것이다.

언뜻 보기에는 훌륭한 방식 같지만 꼭 그렇지만도 않다.

예를 들어 쇠퇴지역 상가의 상인들을 대상으로 한 대출심사의 경우, 심사위원은 현지 금융기관의 담당자, 지자체의 상업정책 담당자, 현지 대학교수, 지역을 잘 모르는 전문가 등으로 구성된다. 즉, 새로운 사업을 자신이 스스로 기획하고 실행해서 궤도에 올려 본 경험도 없는 사람들이 공모사업을 심사하는 경우가 비일비재하다. 이것은 심각한 문제다. 그런 사람들이 모여서 신규사업을 심사한다면 그 심사가 얼마나 의미가 있을까. 그런 예산과 능력이 있다면 심사위원들이 먼저 사업을 시도해 보고 그 내용을 보여주면 좋을 정도다.

중요한 것은 책상 위에서 사업계획으로 경쟁하는 것이 아니라 결과를 경쟁하게 만들어야 한다. 심사위원들은 심사할 것이 아니라, 스스로 먼저 현장으로 달려나가 경험을 해야 한다.

보이지 않는 벽 3 : 평가 결과와 상관없이 떠안고 있는 문제

더 심각한 것은 이런 공모사업에 참여하는 사람들은 사실 공모에서 좋은 평가를 받든 받지 못하든 문제를 떠안게 된다. 먼저 운이 없어 떨어진 사람은 모처럼 지역에서 도전했는데 발표 하나로 시도해보기도 전에 '터무니없는 계획을 작성한 녀석'이라는 낙인이 찍힌다. 심사에 합격한 사람들에게도 문제가 닥친다. 사실상 아무런 시도도 해보지 않은 단계에서 프레젠테이션 능력으로 우승 상금을 받거나 혹은 처음 해보는 사업인데도 보조금부터 타게 되는 것이다.

최근에는 지원자가 부족한 공모사업에서 학생이나 젊은이 등을 마음대로 지명해 계획을 세우게 하고 실행해 보기도 전에 심사해서 날려 버리는 경우도 있다. 보조금을 사용하기 위해 젊은이를 이용해먹고 버리는 것이다. 실천하지 않는 어른들이 모여서 젊은이들에게 신규사업을 억지로 시켜놓고 망가뜨리는 이런 행위 자체에 어떤 의미를 부여할 수 있을까? 이런 일이 반복되다 보면 새로운 사업을 정상적으로 시작할 수 있는 동력 자체가 지역에서 사라진다. 사업을 시도하기도 전부터 없애 버리는 선례만 지역에 남는다.

사실 지역에서 새로운 사업을 시도하는 경우 적합한 것들을 사전에 정확히 알기란 어렵다. 때로는 일단 시작해 보고 조금씩 수정하면서 성과를 올려가는 것도 하나의 방법이다. 그래서 어쩌면 계획단계에서 일일이 논의하는 것 자체가 무의미할 수도 있다.

지역에 필요한 새로운 사업이란 공장을 건설하는 등의 거액의 자금이 요구되는 것이 아니다. 우선은 몇 십만 엔 정도로 시험 삼아 해 볼 수 있는 것들도 많다. 이런 소규모 사업을 시작도 하기 전에 함께 논의하는 데만 수백만 엔씩 예산을 들이며 모두의 노력을 쏟아붓는 것 자체가 쓸데없는 절차가 될 수도 있다.

주위의 평가 따위에 얽매이지 않는 사람이 성공

진심으로 사업에 도전하는 사람은 사실 공모사업 등에는 참가하지 않고 곧바로 실행한다. 앞으로 사업을 시작하고자 한다면 서투른 심사 따위는 받지 말고 우선은 스스로 할 수 있도록 하자. 그리고 지역에서 이미 실적을 올리고 있는 활동가와 이야기하자. 실제로 지역에서 새로운 사업으로 실적을 올리는 사람들은 초기의 비난을 지혜롭게 돌파하면서 시시한 공모사업에는 참여하지 않고 독립해서 자기 소신대로 스스로 도전하고 시행착오를 겪으면서 성과를 올리고 있다.

이시가키 섬의 주얼리 브랜드 'TILLAEARTH'(티라어스)의 히라라 시즈오 사장이 이런 사례에 해당된다. 현재는 이시가키 섬뿐만 아니라 오키나와 본섬에 있는 이세탄백화점 본점에도 진출했으며 2016년에는 도쿄의 도큐 플라자 긴자에도 입점했다.

처음 이시가키 섬에 800만 엔이나 들여 작은 가게를 오픈했을 때 주변에서는 "그런 멋진 가게는 이 섬에서는 잘되지 않을 거야. 3일이면 망할 걸"이라며 우려했다. 몇백 엔짜리 저가 기념품 판매가 대부분인 지역에서 고부가가치 상품의 생산 판매 등은 불가능하다는 생각에서다. 그러나 산호와 태양이라는 이시가키 섬다움을 살린 스토리텔링과 뛰어난 디자인의 보석은 멋있게 꽃을 피우며 현재는 일본뿐만 아니라 해외에도 널리 알려져 있다. 티라어스 활약을 계기로 지금 이시가키 섬에는 다양한 고부가가치 상품과 서비스가 새롭게 추진되고 있다.

이처럼 지역에서 새로운 사업을 시도하는 초기 단계에서는 이런저런 사람들로부터 이런저런 많은 말을 듣게 되는데, 그런 말에 흔들리지 말고 사업에 집중해 시행착오를 겪으면서도 계속 실적을 쌓아가면 결국에는 긍정적인 평가를 받게 된다.

중요한 것은 성과다. 성과가 나오면 긍정적인 평가가 뒤따라오게 된다. 긍정적인 평가는 지역 내부가 아닌 외부에서 먼저 들려오는 경우가 대부분이다. 외부에서 호평을 받으면 지역 내의 평가는 자연스럽게 좋아진다.

천 리 길도 한 걸음부터다. 시작도 하기 전부터 함부로 값을 매기지 말고, 시작한 후에는 집중해서 사업 궤도를 검토하고 수정하면서 성과 창출에 주력해야 한다. 이것이야말로 지역 활동에서 잊지 말고 기억해야 하는 철칙이다.

지역 활성화 콘텐츠를 찾을 때 지자체들이나 지역의 활동가 조직들은 각 부처에서 배포한 '성공사례집'에서 힌트를 얻는다. 그러나 이 성공사례집에는 왜곡된 것들이 많아서 상당히 주의해야 한다. 성공사례는 크게 '민간에 의한 사례'와 '행정에 의한 사례'로 구분된다. 그중 특히 행정 사례는 민간에 의한 사례 이상으로 주의해야 한다.

왜일까?

바로 그 안에 적잖이 가짜 성공사례가 숨겨져 있기 때문이다.

행정은 왜 '시범사업'을 할까?

행정이 새로운 지방 정책을 추진할 때는 꼭 시범사업을 먼저 한다. 시범사업을 통해 전국적 모범사례를 만들어 정책 필요성을 구체적으로 제시해야만 예산을 확보할 수 있기 때문이다. 정책의 효과를 보여주기 위해 정책 의도를 잘 포착한 지자체를 선정하고 보조금을 집중적으로 지원해 꽤나 성공적으로 정책이 실현된 것처럼 보이게끔 만든다. 이때 나타나는 것이 '관제 성공사례'다.

관제 성공사례의 함정은 '성공사례'가 예산을 투입하는 시기 등의 변수에 따라 일시적이라는 데 있다. 그래서 사업이 추진되고 난 이후에 성공이 아닌 실패로 밝혀질 때도 있다. 그리고 그런 경우 재정적으로도 정치적으로도 지역에 큰 상처를 남기는 경우가 적지 않다.

문제는 초반의 사례를 성공으로 다룸으로써 '사실은 실패한 사업'을 성공이라 믿으며 전국에서 현장답사와 선진지 견학지로서 성공 모델로 삼게 된다는 것이다. 그래서 '전국 단위에서 실패의 연쇄'가 생겨나는 것이다.

오카야마 현 쓰야마 시와 아오모리 현 아오모리 시는 왜 실패했을까?

대표적 사례가 지방도시의 구도심 재생을 목표로 한 '중심시가지 활성화' 정책이다. 사단법인 AIA가 '실패한 관제 성공사례'를 정리한 《이 마을 저 마을의 실패 사례집 '묘비명 시리즈'》에서 사례 2개를 발췌했다.

실패 사례 1 : 오카야마 현 쓰야마 시의 '아루네 쓰야마'

먼저 오카야마 현 쓰야마 시다.

'중심시가지 활성화법'이 시작되던 무렵, 쓰야마 시는 '500m 코어 마을만들기'라는 개념으로 그야말로 시대를 풍미했다. 이 마을만들기 사업의 상징은 '아루네 쓰야마'라는 거대 복합시설이다. '복합형 재개발 시설을 중심부에 배치해 도시기능을 집중시킴으로써 향후 중심시가지 활성화를 견인한다'고 소개되면서 선진적인 성공방안으로 전국에 알려졌다. 물론 중앙정부의 지원이 있었던 것은 당연지사.

약 270억 엔의 개발비가 소요되는 초대형 프로젝트로 자본과 기술이 필요했다. 당연히 현지의 힘만으로는 개발이 어려웠다. 정부와 특수법인을 통해 출자와 보조금 등 고액의 세금이 투입됐다. 문제는 시설이 문을 연 후에 드러났다. 공사비 체불 문제가 제일 먼저 수면 위로 떠올랐다. 그리고 시설 경영을 맡은 제3섹터는 당초 사업계획에 크게 밑도는 임대료 수입으로 적자가 누적됐다. 결국 경영이 악화되어 지자체의 지원이 필요한 상황에까지 이르렀다. 마침내 지자체가 상업시설의 일부를 매입하는 것으로 재정지원을 실행했지만 이것을 계기로 시장이 소환되는 등 지역 내에서 정치적 혼란까지 야기됐다.

실패 사례 2 : 아오모리 현 아오모리 시의 '아우가'

두 번째는 아오모리 현 아오모리 시다.

아오모리 시도 2006년 '중심시가지 활성화법'이 개정될 당시 쓰야마 시와 함께 '컴팩트 시티'의 성공사례로 거론됐다. 아오모리 시 도시정책의 중핵복합시설은 '아우가'(정식명칭 Festival City AUGA)다. 고층부에 도서관 등 공공시설을 배치하고, 저층에는 상업시설을 갖춘 '민관 공동투자시설'이다.

아우가는 다양한 지원제도를 활용해 약 185억 엔의 투자로 완공됐다. 그러나 역시 시설 운영 직후부터 임대료가 당초 계획에 미치지 못해 적자가 누적됐다. 결국 경영 파탄을 막기 위해 2008년 운영회사의 채권 일부를 아오모리 시가 매입하는 경영 지원을 단행했다. 그 후 이 정책을 추진했던 시장은 낙선됐고 경영 재건 계획을 수없이 세워도 상황은 호전되지 않았다. 오히려 채무 초과 상태에 빠지면서 출구가 보이지 않는 상황이 계속됐다. 마침내 시장은 아우가 문제를 이유로 사임을 표하게 이르렀다.

이 두 도시는 한때 다양한 성공사례집에 소개되고 신문 등의 미디어에도 보도되면서 당시에는 전국 각지에서 답사와 견학이 쇄도했었다. 도시기능의 집약, 지방도시의 재생 등 모두 스토리텔링에는 큰 결함이 없었다. 그러나 쇼와 시대(1926-89년)와 같은 경제성장기에 통용된 방법인 '재정투입형의 도시중심부 거대 개발'을 수축사회로 접어든 시기에도 그대로 적용한 것이 문제였다.

성공사례의 실패가 드러나면 미디어 등에서의 노출도 서서히 줄어든다. 그리고 지금은 어떤 언론에도 성공사례집에도 실려 있지 않다. 물론 실패 사례만 정리된 공식 자료도 존재하지 않는다.

실패 사례는 사실상 그 존재 자체가 말소된다.

실패의 교훈은 왜 계승되지도 공유되지도 않을까?

심각한 문제는 이제부터다.

실패한 사업으로 인한 부채와 매년 막대한 유지비가 필요한 건물은 그 지역에서 사라지지 않는다. 지역에 그대로 남아 그 부담을 시민들이 계속 떠안아야 한다. 결국 최종적인 손실은 시민들에게 되돌아가는 것이다. 활성화는커녕 오히려 지자체 부담이 증가해서 쇠퇴가 더 가속화된다. 실제로 아오모리 시는 아우가에 200억 엔 이상의 시정부 세금을 투입했고, 이로 인해 2명의 시장이 사임하는 정치적 혼란을 겪었다.

더 심각한 문제는 행정의 빈번한 인사이동으로 인해 실패 사례의 인수인계가 거의 이뤄지지 않는 것이다. 그래서 이전의 실패에 대해 현재 담당자들 대부분은 잘 알지 못한다. 때로는 당연히 지워졌어야 할 실패 사례가 성공사례로 소개하는 '사고'까지 발생하곤 한다.

원칙적으로는 실패한 사례야말로 원인을 제대로 정리하고 분석해 교훈으로 삼아야 한다. 특정 지역을 비판하는 것이 아니라 다른 지역에서 같은 실수가 되풀이되지 않도록 하기 위해서라도 실패를 정리해서 그 과정을 모두가 공유해야 한다. 어제 발생한 타인의 일이 언제 나에게 닥칠지 모르기 때문이다.

그러나 행정 입장에서 과거의 실패를 적극적으로 기록하고 공표하는 것은 조직과 개인 모두에게 어떤 이점도 없다. 그래서 실패 사례는 존재 그 자체가 무시되고 지워져 계승되지 않은 채 끝난다.

전국적으로 추진되는 지방창생 정책에서도 다양한 성공사례가 소개되고 있다. 물론 지역주민들의 오랜 노력의 결과가 열매를 맺는 곳도 적지 않다. 우려스러운 것은 정부 교부금과 보조금에 의존한 활동과 시장경쟁에 맞서 착실하게 수행해 온 활동이 동일한 성공사례로 언급된다는 점이다. 현장 활동가들은 이런 사례들의 차이를 판별해 낼 수 있어야 한다.

진짜 성공과 가짜 성공을 판별하는 5가지 핵심 기준

유감스럽게도 진정한 성공사례와 관 주도의 포장된 성공사례가 혼재된 이 현상을 적나라하게 비판해도 개선될 기미는 보이지 않는다. 그러니 '자기방어'라도 해야 할 듯하다. 그래서 성공사례의 진위 여부를 판단할 핵심 기준 5가지를 다음과 같이 제안한다.

① 초기 투자가 교부금·보조금과 같은 재정 중심이 아니라 투자·융자를 활용하고 있는가.
② 추진하는 시범사업이 상품이나 서비스를 통해 매출을 올리고 흑자를 내고 있는가.
③ 시작한 지 5년 이상 계속적으로 성과를 내고 있는가.
④ 대표가 그럴듯한 스토리텔링뿐 아니라 데이터를 근거로 제시하고 있는가.
⑤ 직접 현장에서 하루 정도 관찰자로서 변화를 실감하는가.

먼저 이상의 ①, ② 기준을 앞서 소개한 2개의 사례에 적용해 보자. ①의 관점에서 보면 재정투입으로 개발되는 것, ②의 관점에서는 적자경영을 할 수밖에 없는 상황이 이에 해당된다. ①과 ②의 관점을 적용하면 성공사례가 아님을 바로 판별해 낼 수 있다. 얼핏 성공사례로 보이는 '위험한 사례'를 즉시 간파하는 기준으로 이 5가지 핵심 기준을 활용하자.

지역에서 자기 자본을 투자해서 사업을 하는 경우, 잘못된 성공사례에 휘둘리게 되면 치명적인 문제가 발생한다. 따라서 직접 현장에 가서 실태를 파악하는 것이 중요하다. 또한 그런 정보를 동료들과 공유해야 한다.

지역에서 사업을 추진하다 보면 미담만 가득한 것이 결코 아니다. 그리고 단번에 지역이 재생되는 극약처방도 없다. 오랜 시간이 소요되고 소소한 것들이 대부분이다. 지나치게 아름다운 스토리로 미화되어 마을이 순식간에 활성화됐다는 식으로 거론되면 일단 의심해 봐야 한다. 그렇게 쉽게 지방이 재생된다면 고생하는 사람은 아무도 없을 것이다.

지역의 다양한 사례를 살펴볼 때에는 합리적으로 의심하는 힘도 필요하다. 외부의 정보에 대해 호기심과 의문을 제기하면서 자신들의 마을과 공동체에 어떻게 적용할 것인지를 생각하고, 시행착오를 겪으면서 실천해가는 경험이야말로 진정한 성공인 것이다.

지속가능한 지역을 만드는 데 중요한 것은 크게 성공하는 것보다 크게 실패하지 않는 것이다. 다른 지역의 성공사례에 휘둘리지 말고 자신의 마을에서 꾸준한 노력으로 작은 성과물들을 창출하고 그것들을 조금씩 키워나가는 데 주력하는 것이 무엇보다 중요하다.

"

여럿이 합세해 성공자를 방해하고 있지는 않은가?

성공 지역은 독자적인 정보로 이익을 창출한다

"

지금까지는 전국적으로 유행하는 사업을 왜곡해서 베끼거나 그럴듯한 성공사례를 참고하기 때문에 지역이 점점 더 쇠퇴하는 문제에 대해 설명했다. 그러나 문제는 여기에 그치지 않는다. 민간이 주도해서 성과를 이뤄서 전국적으로 모범이 되어야 할 사례가 그 후에 망가지는 경우도 있다.

새로운 지방 정책이 추진될 때마다 전국 지자체 관계자들은 그때그때마다 성공사례를 필요로 한다. 어려운 환경에서도 현지에서 소수의 활동가가 새로운 방법을 적용하면서 차근차근 성과를 만들어내는 지역은 반드시 있기 마련이다. 그 성공담과 실적은 다른 지역 사람들에게는 '희망의 별'이 된다.

그러나 그런 성공사례가 때때로 '정책도구'로 취급되어 잠시 쓰고 버려지는 안타까운 현실도 있다. '성공사례를 모두에게 알

리기 위해'라는 명분으로 행해지는 각종 행정시책들이 때로는
지역에 부담이 되어 장기적으로 활동을 침체시키기도 한다.

────────────────────────────── 》 ──

현장을 피폐하게 하는 성공사례 '조사' 사업

성공하던 사업 주체는 어떤 과정을 거치면서 피폐해져 갈까?
지역에서 노력을 거듭하며 활동을 서서히 확대해서 성과가
눈에 보이기 시작하면 지역 언론을 시작으로 전국적으로 미디
어를 타면서 유명해진다. 그러면 성공사례집에 게재하고 싶으
니 조사에 협조해 달라는 연락이 온다. "사례집 작성에 자료가
필요하다"는 말을 듣고 자료를 전달한다. 그리고 작성된 내용
의 확인과 수정 과정을 거쳐 성공사례집에 실리게 된다.

그러면 꼬리에 꼬리를 물고 여러 공공기관의 성공사례집에 게
재 요청이 이어진다. 동일한 정부기관에서도 연구원에서도 정
보는 공유되지 않고 매번 같은 내용으로 토론회에도 참여한다.

문제는 이런 토론회에서는 기본적으로 조사협력비 등은 지급
되지 않는다는 것이다. 무료로 토론회에 대응하고, 무료로 자료
를 제출하고, 무료로 수정사항을 체크해 준다.

그런데 이 사례를 조사하러 온 연구원 등에는 수백 엔에서
수억 엔의 사업비가 지급된다. 고생해서 성과를 만들어낸 관계
자에게는 한 푼도 돌아가지 않는데, 단지 그것을 조사하는 위

탁기업만 수익을 얻어가는 '성공사례 조사사업'이 지금도 계속되고 있다.

이것은 단지 비용의 문제만이 아니다. 이런 행위들로 인해 현장은 소모되고 지나치게 많은 시간이 낭비된다는 사실이다. 결국 활성화 활동에 투자되어야 할 자원이 줄어드는 것이다. 시간만 빼앗기고 수익은 없는 활동으로 인해 지역이 침체될 수도 있다는 것은 바로 이런 구조 때문이다.

'성공자'에 무임승차하는 3가지 형태

성공사례집에 게재되면 그나마 나을지도 모른다. 성공한 사업 관계자에 대해서는 '현장답사', '강연', '모델 사업화'라는 3가지 무임승차 형태가 있다.

무임승차 형태 1 : 현장답사 대응으로 분주한 성공사례

"성공 방안을 꼭 보고 싶다"며 의회나 지자체, 일반인들의 현장답사 의뢰가 증가한다. 그들은 선진지 견학 예산이 있어서 이슈가 되는 지역은 어디라도 가서 공부하려 한다.

성공사례집에 게재되면 이런 현장답사 의뢰가 순식간에 증가한다. 견학자들이 증가하고 경우에 따라서는 현장답사 비용을 받거나 숙박이나 물건 판매 등을 통해 지역에 수익이 들어오기도 하지만 사실 이런 수입은 일회성일 뿐이다.

이것이 반복되다 보면 지역 활성화를 위해 써야 할 시간을 현장답사 대응에 빼앗기게 된다. 그러는 사이 지역은 현장답사 대응으로 바빠져 활동에는 진척이 없고 새로운 성과물은 발생되지 않아서 결국 침체기를 맞이한다. 성과가 부진해지면 다음 해에는 당연히 새로운 성공사례를 찾아 다른 지역으로 모두가 답사를 간다. 마치 '화전농사'와 같다.

이렇게 성공사례는 '현장답사 시장'에서 소모된다.

무임승차 형태 2 : 강연회 참석으로 바빠진 성공 지역 리더의 부재

이것도 심각한 문제다. 성공한 지역의 리더는 전국 각지에서 개최되는 강연이나 토론회에 불려 다닌다. 전국적으로 주목을 받다 보니 의뢰도 많이 들어온다. 이에 친절히 대응하다 보면 현지에서 지역 활성을 위한 활동 시간이나 에너지는 당연히 줄어들 수밖에 없다.

사실 토론회에서 지역대표가 마을의 성공사례를 소개하는 것은 자랑스러운 일이다. 마을 홍보도 되고 강연료라는 일회성 수익도 생기고 토론회에 참가한 사람들이 그 지역에 견학도 오게 되니 그야말로 일거다득이라 어떻게든 우선적으로 하고 싶어진다.

그러나 강연과 토론회에 불려 다니면서 지역대표는 점점 더 현장과 멀어지게 되고 성과도 조금씩 부진해진다. 동일한 콘텐츠를 계속 얘기하다 보니 마을은 언어적으로는 그럴듯하게 포장되지만 한 번 팔린 콘텐츠는 그것으로 끝난다. 여론은 다시 새로운 성공사례를 찾아 떠난다. 리더의 부재로 인한 성과부진과 언론의 주목을 받던 시기에 발생했던 마을 내의 미묘한 갈등만이 지역에 남게 된다.

지역의 성공사례는 그렇게 '강연회 시장'에서도 일회용으로 소모된다.

무임승차 형태 3 : '시범사업'이라는 함정

가장 경계해야 하는 것이 행정의 '시범사업' 권유다.

시범사업이란 '꼬리표가 달린 부처 예산을 활용해 타지역에 모범사례를 제공하기 위해 추진되는 목적사업'이다. 예산이 붙기 때문에 그 성과는 당연히 해당 부처의 성과가 된다. 그러다 보니 성과가 나오는 지역에는 "시범사업을 해보지 않겠냐"는 여러 부처의 권유가 들어간다.

성공하는 지역에 'OO 활성화 사업' 예산을 투입하면 마치 살아있는 것처럼 생동감 있게 보이고 해당 부처는 일을 잘하는 것처럼 홍보 효과도 생겨난다. 성공 지역의 사례는 다른 쓸데없는 예산을 감추기 위한 아주 맛있는 먹잇감이 된다.

사실 성공 지역이라 해도 사업비가 남아도는 곳은 없다. 근근이 수익을 창출하면서 사업을 키워온 지역에 한 번에 수천만 엔에서 수억 엔의 예산이 제시되기도 한다. '정부의 모델'이라는 명목하에 지역이 감당하지 못할 거대한 예산이 시범사업 명목으로 갑자기 들어오게 된다.

내 몸에 맞지 않는 일회성의 막대한 예산은 꾸준히 쌓아온 지역의 노력을 파괴하기 시작한다. 지역 역량으로 스스로 해 오던 일을 예산의 힘으로 외주업자에게 맡기거나 화려한 것들이 만들어진다. 게다가 쓸데없이 방대한 보고서를 작성하거나 행정과 관계되는 회계감사 대응 등 지역사업과는 별도인 독특한 작업에도 쫓기게 된다. 결국 기존의 노력은 온데간데없고 시범사업을 수행하는 데에 수 년을 써버리게 된다.

아무도 알아주지 않을 때 묵묵히 현장에서 사업성과를 올려 주목을 받게 된 성공사례도 시범사업에 채택되면 본 사업에서 적자가 발생하고, 나중에는 정부예산 의존형 체질로 전락하기도 한다. 돈이 없어서 지역이 무너지는 것이 아니라 오히려 갑자기 떨어진 엄청난 돈으로 인해 지역이 망하게 되는 것이다.

안타깝게도 정책 담당자가 원하는 것은 'ㅇㅇ지역이 행복해지는 것'이 아니라 정책으로 써먹을 수 있는 '성공사례'인 것이다.

성공사례에서 제외되는 순간, 그 지역은 버림받고 성공사례집에도 게재되지 않는다. 물론 강연이나 토론회에도 부르지 않고 시범사업 대상도 되지 않는다. 그리고 행정 담당자는 인사이동으로 바뀌어 그 사실조차 잊혀진다. 뒤에는 모처럼 뻗어 나가려던 '새싹'이 짓밟힌 지역만이 남는다.

정보격차 사업은 사절, 공정한 환경 조성

어디에 문제가 있는 것일까?

현황조사, 선진지 견학, 초청강연, 시범사업의 대부분은 세금으로 이뤄진다. 문제는 이런 것들이 지역을 위해서가 아니라 지역 활성화 정책과 관련된 행정, 연구원, 위탁업체의 사업을 위해 진행된다는 것이다. 세심하게 살펴보면 이런 것들은 지역 활성화 사업에서 성과를 낸 지역과 그렇지 못한 지역 간의 '정보격차'를 이용해 중간착취를 하고 있을 뿐이다. 세금을 들여 성공사례를 계속 망치고 있는 것이다.

지역 활성화 분야에서는 현장이 가장 최첨단이다. 최첨단을 걷는 선진지역은 그 지역 자체가 정보 발신자로서 관심 있는 사람들에게 적절한 정보를 제공하면 된다. 지금 시대는 인터넷이 있어서 각 지역 현장이 서로 직접 연계해 정보를 교환하는 것은 어렵지 않다. 서로의 지역에서 정보를 교환할 수 있게끔 하는 것이 중요하다. 그러면 세금으로 일부 업체만 이득이 되는 사례집과 같은 정보격차 사업도 없어질 것이다. 즉, 공정한 환경이 만들어지는 것이다.

각각의 현장에서는 자신들의 경험에서 얻은 지식에 대해 가격을 매길 수 있어야 한다. 스스로의 노력을 정리하고 현장 견학을 유료화하는 방안도 좋다. 정보를 제공받는 측도 사업 노하우가 있는 자료와 현장 견학에 비용을 지불하는 분위기가 조성돼야 한다. 선도적으로 시도하는 지역주민들의 노력에 경의를 표하고 그 '답례'로 적정한 대가를 지불하는 것이다.

이런 분위기가 정착되면 성공사례를 창출한 지역은 후발 지역으로부터 대가를 받아 이를 기반으로 다음 사업에 투자할 수 있다. 선진지역의 노력으로 계속 성장할 수 있는 선순환구조가 만들어지는 것이다. 서로 도전하고 그 활동들을 상호 학습하며 가능한 범위에서 대가를 지불하는 관계가 형성되면 다양한 지역 과제를 해결할 수 있는 지혜도 축적될 것이다.

일회성 관심을 끄는 데 중점을 둘 것이 아니라, 소소하고 소박해도 꾸준하게 활동을 쌓아가며 정보도 현장에서 직접 발신해 간다면 체감하는 지역 활성화로 발전해 갈 것이다.

01
- ☐ 성공사례를 참고하고 있다.
- ☐ 계획에서 경제효과라는 숫자를 많이 사용하고 있다.
- ▶ 지역경제의 현실과 개선에 본질적으로 접근하자.

02
- ☐ 현지 자원으로 특산품 제작 프로젝트를 추진하고 있다.
- ☐ 현재 관심이 높은 이슈에 뛰어들려고 한다.
- ☐ 판매자, 소비자를 끌어들이지 않고 진행하고 있다.
- ▶ 상품 제작 전에 먼저 영업부터 하자.

03
- ☐ 홍보하고 '브랜드'가 있으면 팔린다고 생각한다.
- ☐ 브랜드 만들기를 위해 컨설팅 회사에 의뢰하고 있다.
- ▶ 판매시기, 판매방법, 판매 제품에 대해 항상 시행착오를 경험 해보자.

04
- ☐ 다른 곳에는 있지만 현지에는 없는 것을 찾고 있다.
- ☐ 현지에서 특이한 개성을 가진 사람을 몹시 싫어한다.
- ▶ 특별한 콘텐츠를 준비하자.

05
- ☐ 스스로 아이디어를 내지 못하고 바로 다른 사람에게 물어본다.
- ☐ 주위로부터 비난받지 않도록 신경쓴다.
- ☐ 성공보다 실패하지 않는 것을 우선으로 한다.
- ▶ 먼저 도전하고 시행착오를 거치면서 궤도 수정을 반복하자.

06
- ☐ 현지에 직접 방문하지 않고 성공사례집을 참고하고 있다.
- ☐ 현지에서 일어났던 과거의 실패를 모른다.
- ☐ 성공사례에 나오는 기업의 재무제표를 살펴보지 않는다.
- ▶ p.77의 '5가지 핵심 기준'을 항상 의식하자.

07
- ☐ 다양한 기관의 '조사'에 협력하고 있다.
- ☐ 방문객을 위한 현장답사를 무료로 운영하고 있다.
- ▶ 스스로 정보 발신자가 되어 수익을 창출하자.

제2장

자원 사용법

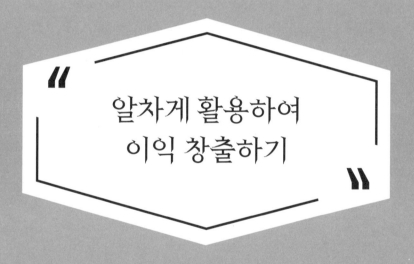

> " 알차게 활용하여
> 이익 창출하기 "

쇠퇴지역을 들여다보면 자원활용 자체가 잘못된 경우가 많다. 그렇기 때문에 하면 할수록 손해가 되는 것을 만들어내게 된다. 그래서 때로는 지역 활성화를 위해 많은 돈을 쏟아부어 만든 것이 이익창출은커녕 오히려 '돈 먹는 하마'가 되기도 한다.

쇠퇴하는 지역에서 진행되는 전형적인 사업 중 하나가 관광객 유치를 위해 역사관광 시설이나 자연관광 시설 등을 새로 짓거나 정비하는 것이다. 이런 시설정비에 10억-20억 엔이 소요되고 유지비용으로 매년 수천만 엔씩 들어간다. 방문객들이 많이 오면 활성화될 것으로 기대하지만 사실 사람들이 오면 올수록 도로가 황폐해지고, 화장실 이용 증가로 상하수도 사용도 많아지고 쓰레기는 쌓여간다. 그리고 이것을 처리하기 위한 인건비도 늘어난다. 그러나 관광객으로부터 받는 것은 시설 입장료 500엔이나 1,000엔 정도다.

"시설 입장료만 버는 것이 아니라, 점심을 먹게 되면 그것도 다 수익이다!"라고도 한다. 그러나 현장에는 쇠퇴지역 어디에나 있을 법한 덮밥이나 정식을 파는 가게가 전부고, 어느 관광지에서나 먹을 수 있는 만두나 쿠키 정도를 파는 기념품 가게만 있을 뿐이다.

흥미와 매력을 느끼지 못하는 관광시설, 어디에나 흔히 있는 음식점, 그리고 OEM(Original Equipment Manufacturing; 위탁생산)방식으로 찍어내듯 만들어진 대량생산된 기념품들뿐인 지역은 방문객들이 오면 올수록 사회적 비용만 더 들 뿐, 현지에 떨어지는 이익도 별로 없고 오히려 투자한 것조차 회수하기 어려워지기도 한다.

관광을 통해 지역 활성화를 꾀한다면 어디에 투자했을 때 현지에 더 많은 이익이 생겨날지를 판단해야 한다. 관광에서 중요한 것은 방문객 수보다 '관광소비단가'이며 결과적으로 관광소비액이다.

'관광객수 × 관광소비단가 = 관광소비액'

고교 시절, 와세다상점협회의 관광사업의 일환으로 수학여행단을 대상으로 현지 상품을 와세다에서 판매하는 체험프로그램을 만든 적 이 있다. 지역의 농수산품을 파악해 판매제품을 결정하고 사전학습으로 만든 포스터를 와세다우체국 대합실 등에 붙여서 수학여행 온 학생들이 직접 판매하는 프로그램이었다. 판매 수익금은 참가 학생들 스스로 도내 비영리조직을 조사하고 연락해 기부금을 내게 함으로써 그 조직들의 활동을 이해하는 데 활용했다. 투자한 것이라곤 겨우 책상과 의자, 대관료, 그리고 아르바이트생 인건비 정도였다. 체험비는 1인당 1,500엔. 수학여행이니까 1회에 100명 이상이 참가했고 연간 수천 명에 이르렀다. 학생들을 위한 점심은 인근 식당에서 준비했고 거기서도 수익이 창출됐다.

수익은 눈에 보이는 것뿐 아니라 보이지 않는 것도 포함해 생각해야 한다. 크고 거대한 데 비해 수익이 별로 안 나는 것보다 작지만 꾸준하게 수익을 발생시킬 수 있는 것에 지원해야 한다. 지역 활성화 사업을 기업에 비유하면, 대기업처럼 '크게 한꺼번에'가 아니라 지역의 많은 소규모 기업과 자영업자들이 '소소하지만 꾸준하게' 벌어들이는 것과 같은 이치다. 작지만 꾸준하게 이어질 때 지역은 활성화되어간다.

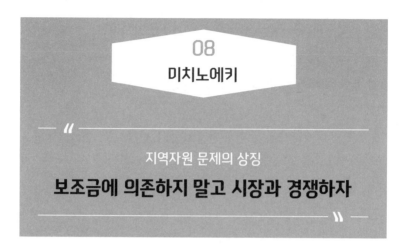

"

지역자원 문제의 상징

보조금에 의존하지 말고 시장과 경쟁하자

"

지역 자원의 문제를 상징하는 시설이 있다. 일본 각지에 퍼져 있는 미치노에키가 바로 그것이다. 여기서 질문. 미치노에키를 만든 주체는 누구일까? 미치노에키는 지역 특산품을 구입할 수 있는 편리한 상업시설로서 지역의 민간사업자가 자체적으로 투자해 운영하고 있다고 생각하는 사람이 많다. 그러나 실제 미치노에키의 약 80%는 행정이 설치한 것이다. 훌륭한 공공사업 중 하나다.

그러니 건물은 매우 고가로 지어지고, 매출을 높이려는 노력은 부족하다. 심지어 파산해도 행정이 책임을 지기 때문에 어설픈 경영도 묵인된다. 이런 상황에서 미치노에키가 과연 '지속적인 수익창출의 엔진'이 되고 있을까? 그 실체를 들여다보자.

미치노에키의 과열경쟁, 패자는 지역의 부담으로

미치노에키는 건설성(현, 국토교통성)의 인증제도가 만들어진 1993년 103개소로 출발해, 2016년 5월 10일 기준으로 전국 1,093개소로 증가되어 일본 곳곳에 퍼져 있다(그림 2-1). 이 중에는 수익을 내는 곳도 있지만 완전히 실패한 곳도 있다.

미치노에키는 '휴식', '정보 발신', '지역 연계'라는 3가지 기능에 기초해 만들어졌다. 하지만 실제로는 대부분 도로변에 위치해 지역 상품을 판매하거나 관광거점 상업시설로서 지역 활

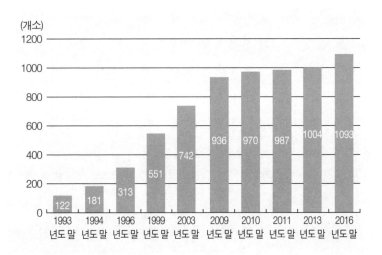

그림 2-1　연도별 미치노에키 등록 수

출처: 국토교통성 자료

성화 효과를 꾀하고 있다. 즉, 경제 활성화와 소비 자극을 목표로 경영되고 있다.

그래서 미치노에키의 성공 여부는 일부러 방문하고 싶다고 느낄 수 있도록 운영해서, 지역에 얼마나 많은 이익을 가져올 수 있을지에 달려 있다. 당연히 고객이 별로 이용하고 싶지 않은 시설이면 경영이 어렵다. 행정이 관여하기 때문에 쓸데없이 공공성을 의식해서 정보 발신이니 지역 연계니 하는 기능을 강조했지만 사실 미치노에키는 시장원리에 노출되어 있다.

거의 매일 도쿄와 지방을 차로 오가다 보면 최근에는 정말 이래도 될까 싶을 정도로 꼬리에 꼬리를 물고 미치노에키가 들어서 있다. 초기에는 화장실이나 휴식을 위한 귀중한 장소라는 존재감이 강했다. 최근에는 공공성이 강조될 경우 고객유치와 연결되기 때문에 편의점에서도 화장실을 개방하거나 지역 특산품을 판매하는 등 경쟁이 치열해지고 있다.

그래서 실제로 경영 부진에 빠져 계속된 적자에 허덕이는 미치노에키도 생기고 있다. 민간에서 운영하는 상업시설이라면 "생각한 것처럼 잘 안 되네"라고 단순하게 치부하면 그만이다. 그러나 지자체가 참여하고 세금이 투입된 시설이라면 그건 좀 다르다. 실패의 결과가 고스란히 지역주민에게 부담으로 돌아오기 때문이다. 실제로 "이러다가 파산할 것 같다"라며 지자체가 특별예산을 짜서 실질적인 구제에 나섰지만 결국 폐쇄한 사례도 있다. 언뜻 보면 많은 사람들이 방문해 활기차 보여서 문제가 없을 것 같지만 그 이면에는 고액의 세금이 투입돼 지자체와 민간을 포함한 지역 전체로 보면 적자인 곳이 꽤 있다.

세금으로 인한 '초기 투자금 0원'이 초래한 '커다란 왜곡'

　지역경제 활성화라는 명목으로 행정은 세금으로 미치노에키 정비를 지원하고, 시설 운영은 민간에게 위탁하는 이 사업의 문제점은 무엇일까?

　여기에는 3개의 커다란 '왜곡'이 있다.

왜곡 1 : 출점 장벽이 낮아진 만큼 허술한 경영계획

　기본적으로 미치노에키는 지자체가 사업 주체가 되고 시설 자체는 세금으로 지어진다. 시설이 완공되면 대부분은 지정관리제도를 활용해 제3섹터가 경영한다.

　일반적으로 민간사업자가 어떤 시설을 개발할 경우 초기투자금 회수를 포함한 시설 운영의 매출과 매상 등을 심사숙고하여 방안을 마련한다. 그런데 대부분의 미치노에키는 세금으로 초기투자가 이뤄지다 보니 그 초기투자분 회수를 위한 수익창출은 필요 없게 된다. 때문에 미치노에키 사업은 별로 매상이 오르지 않아도 일단 만들고 보자는 분위기가 계획단계부터 형성된다. 세금으로 멋드러진 시설을 만들고 직접적으로 세금이 들어가는데도 불구하고 경영상 매출이 적어도 상관없는 왜곡된 상황이 발생한다.

얼핏 "행정이 지원해서 좋은 시설을 만들고 이익창출에 얽매이지 않고 운영되는 구조가 좋지 않나?"라고 말할 수도 있다. 그러나 과잉 투자를 세금으로 충당하고 초기투자분 회수를 걱정할 필요가 없다는 것 자체가 생산성을 낮추는 요인이 된다.

즉, 손익분기점을 왜곡시키고 평균보다 낮은 수준임에도 용인되기에 생산성이 낮더라도 지속가능한 환경을 보장받는 것이다. 운영을 맡은 제3섹터도 매출 향상과 이익률 개선 노력은 별로 하지 않아도 된다. 결국 지역에서 창출될 수 있는 이익 또한 작아지는 것은 당연하다.

그래도 "0원보다야 낫지 않나"라고 할 수도 있다. 그러나 진정한 활성화란 사업 규모에 맞는 초기비용을 함께 투자하고 더 많은 수익을 창출하기 위해 매출을 늘리고 총이익을 높이려는 '선순환 구조'를 만드는 것이다.

그렇다고 높은 리스크를 장려하거나 감수해야 한다는 것은 아니다. 리스크가 있는 만큼의 이익조차 창출하려는 노력도 없이 지역을 활성화할 수는 없다. 리스크를 낮게 보고 경제성도 거의 고민하지 않고 적당히 하면 된다는 식의 경영을 한다면 그것이야말로 지역 활성화와는 거리가 먼 것이다.

왜곡 2 : 지나친 설비투자

더 복잡한 문제가 있다. '초기 투자 제로 = 매출 향상 노력을 게을리하는 경향'뿐이라면 차라리 괜찮다. 그런데 건설비 측면에서도 마이너스가 발생한다. 행정 지원으로 건설되기 때문에 일반 민간사업에서는 도저히 지을 수 없는 고비용 시설을 짓는 경향이 있다. 수억 엔의 시설은 보통이고 경우에 따라서는 온천 시설 등을 함께 정비해 20억 엔 이상 들어가는 경우도 있다.

이런 과잉투자는 세금이기에 가능한 것이다. 결과적으로 이것들은 '지자체 재정 부담=시민 부담, 정부 지원=국민 부담'이라는 형태로 전환된다. 뿐만 아니라 운영자가 사업 전체를 체계적으로 기획하지 않고 어디까지나 기획은 기획, 개발은 개발, 운영은 운영으로 따로따로 분리돼 추진되기 때문에 막상 운영하는 입장에서 보면 투입된 자금에 비해 불편함이 많은 시설이 되기도 한다.

이렇게 과잉 투자된 시설의 유지관리비는 겉으로는 알아보기 어렵지만 실제 운영을 통해 발생한 수익금으로 충당하거나 지자체 예산으로 유지된다. 경영을 잘해서 모처럼 매출이 발생해도 비싼 유지관리비로 사라지는 것이다. 혹 지자체 예산으로 유지되는 경우에는 예산을 새롭게 편성해야 되므로 그만큼 재정은 악화된다. 일반적으로 건물을 짓고 해체할 때까지의 '라이프 사이클 전체 비용'은 건설비의 4~5배 정도가 소요된다고 하니 이는 무시할 수 없는 비용이다. 거대한 시설은 짓는 것 이상으로 유지관리비가 많이 든다. 보이지 않는 비용이 사업 이익을 잠식하고 있는 셈이다.

매출면에서 목표가 낮아 언뜻 보기에 사업운영이 잘되는 것처럼 보이나, 비싼 유지관리비로 인해 실제 순이익이 낮아지는 경우도 있다. 그래서 미치노에키는 꽤 많은 사람들이 방문해도 '이익 창출을 통한 재투자'라는 이상적인 순환구조가 형성되지 못하는 곳이 많다.

왜곡 3 : 행정 주도로 인한 민간의 안이한 인식과 태도

드러나지 않은 문제는 또 있다. 사업 주체가 행정이기 때문에 초기 단계부터 형성된 행정 의존 구조다. 이런 구조에서는 시설 운영을 위탁받은 업체나 생산지 직거래 납품업자들에게 안이한 책임의식을 갖게 할 수 있다. 또한 최종 책임이 지자체에게 있어, 민간은 '단지 행정사업을 위탁받아 시설을 운영한다'고 여기거나 '행정 권유로 직거래 매장에 납품'한다는 등의 수동적 태도를 보이게 된다.

행정 주도는 초기 투자만의 문제가 아니라 이처럼 경영에도 반영된다. 경영이 순조롭지 않으면 행정에 구제를 요청한다. 때로는 직거래 장터에서 잘 팔리지 않으면 농가는 출하해 봐야 어차피 안 팔릴 것이라며 농산물조차 가져가지 않게 된다. 이렇게 되면 경영은 더욱더 악화된다.

민간경영으로 이익을 창출하는 시장과 미치노에키는 무엇이 다를까?

   지금까지 미치노에키의 구조적 문제를 살펴보았다. 그러면 어떻게 해야 할까? 이와테 현 시와초의 '시와마르셰'에서 그 해결방안을 찾아보자. 시와마르셰는 자기부담금으로 시작한 현지 농산물 판매시설로서, '생산지 직거래시장 + 정육점 & 채소 가게'라는 복합 기능을 가진 민간시설이다.

   다른 민간시설과 마찬가지로 시중은행에서 대출을 받아 시설을 정비했고 현재까지 순조로운 흑자경영을 이어가고 있다. 성공 요인을 보면, 전체 사업계획에서 건설비를 역산해 평당 40만 엔 미만으로 낮추었고, 농산물 도매 농가를 사전 모집할 때 출점료 지불 의지가 있는 농가들로 구성한 것이다.

   정부 보조금을 받기 위해서는 일정 비율 이상은 현지 상품이어야 한다는 규정이 있다. 그래서 현지 농산물을 조달할 수 없는 겨울철에 산지 직거래시장이 한산해지는 경우가 종종 있다. 그러나 시와마르셰는 완전히 자기부담금으로 운영되기 때문에 이러한 규정에 제약을 받지 않는다. 오히려 겨울에는 규슈 지역 등으로 범위를 확대해 농산물을 매입, 일 년 내내 안정적인 매장 운영과 경영을 실현하고 있다. 이런 안정성은 시설 개발, 운영 담당, 사업 책임 모두를 민간기업이 담당하는 일원화된 체제로 운영하기에 가능하다.

사실 산지 직거래만으로는 안정적인 경영은 쉽지 않다. 그래서 시와마르셰에는 현지 생선가게와 정육점도 입점하도록 했다. 이런 현지 가게의 입점으로 임대수입의 안정성을 일정 부분 확보했고, 이를 토대로 자금조달 시 금융기관이 꺼려하는 사업임에도 자금 안정성을 확보할 수 있었다.

또한 소비자들은 생선가게나 정육점이 입점함으로써 현지 채소나 과일뿐 아니라 생선과 육류도 함께 구매할 수 있게 됐다. 편리성 향상이 결과적으로 산지 직거래 매출 향상에도 도움이 된 것이다. 첫해 3억 5,000만 엔이었던 시와마르셰의 매출

시와마르셰
민간업체가 운영하는 시와마르셰. 신선하고 저렴한 식료품을 사기 위해 시와초뿐 아니라 주변의 시정촌에서도 많은 사람들이 찾아온다.

이 4년 만에 5억 엔을 넘어섰다.

지역 경제를 움직이는 것은 행정이 아니라 민간이다. 그래서 민간에서 '무엇이든 행정의 돈으로 하자'라는 자세를 갖고 있는 한 그 지역은 절대 활성화될 수 없다. 행정도 '세금으로 편하게 사업할 수 있다'는 꼬드김을 계속하는 한 정부지원 없이 활동하는 민간사업자들은 갈수록 줄어들 것이고, 결국 이것이 지역 쇠퇴를 자초하게 된다는 것을 명심해야 한다.

'민간의 행정참여'는 실현 가능할까?

기본적으로 상업시설을 조성하는 경우, 행정은 공공기능을 가진 인프라를 정비하고, 민간은 유리한 입지를 활용해 사업을 기획하고 시설 규모를 산출해 자금을 조달하고 경영한다.

지역에서 사업을 진행하다 보면 모든 것이 순조롭지는 않다. 환경적으로 어려운 입지조건도 있다. 그런데 조건이 어렵다 해서 불가능한 것은 아니다. 수입을 예측하고 역산함으로써 성공 가능성을 높일 수 있다. 수입이 증가될 경우에는 평당 80만 엔을 투자해 시설을 정비할 수 있지만, 수익을 별로 기대할 수 없을 때는 평당 20만-40만 엔 정도의 건축비로 정비하는 사례도 많다. 요즘에는 기존 건물을 리모델링해 사용하기도 한다. 하지만 그마저도 어렵다고 판단되면 천막을 활용, 가설 시설물에서 사업을 시작할 수도 있다. 수익을 무시하고 미치노에키처럼 겉보기에 그럴싸한 시설을 지역에 계속 짓게 된다면 세금이 필요한 것은 당연하다.

지방창생을 관통하는 이슈인 지역 활성화는 돈이 없어서가 아니라 지혜가 없어서 안 되는 것이다.

내가 관여했던 프로젝트 중에 초기 단계에 행정 지원을 받은 적이 있었다. 논의를 하다 보면 민간사업 규정과 행정 계획 간에 차이가 있기 마련이고, 결과적으로 성과가 작아진 경우가 여러 번 있었다. 그래서 초기 단계에는 힘들겠지만 민간에서 할 수 있는 일을 먼저 검토해 시작하는 것이 사업의 토대를 탄탄하게 만드는 것이고 성과로 이어질 수 있다. 어떤 방식으로든 행정 지원을 먼저 검토하면, "지원도 없는데 무슨 노력…"이라는 의존성만 강해져 보통 수준으로도 사업을 시작할 수 없게 된다. 그러면 안타깝게도 정상적인 민간의 힘이 점점 상실되어 간다.

미치노에키와 유사한 산지 직거래 방식으로 민간에서 확실하게 이익을 내는 상업시설도 있다. 행정 지원을 전제로 미치노에키가 출점하게 되면 그런 사업을 하려는 민간의 싹이 잘려 결국엔 민간사업자 죽이기가 될 수도 있다.

지역에서는 민간에서 사업을 시작하려는 사람이 없기 때문에 우선은 행정이 선행 투자를 할 수밖에 없다고 말하기도 한다. 언뜻 보면 이해가 된다. 그러나 그렇게 되면 행정 지원 사업방식에 변화가 없는 한, 행정이 열심히 노력하면 할수록 민간은 행정에 의존하게 되는 모순이 생긴다. 이것이 지방창생 사업의 어려움이기도 하다.

겉으로 보기에는 민간사업 활동인데 실제로는 행정 지원으로 이뤄져, 보이지는 않는 형태로 지역 생산성을 저하시키는 모순의 상징이 바로 미치노에키다. 그렇기 때문에 공공의 역할과 민간의 역할에 대한 경계를 명확히 구분해 긴장감 있는 연계협력이 가능토록 하는 것이 무엇보다 중요하다.

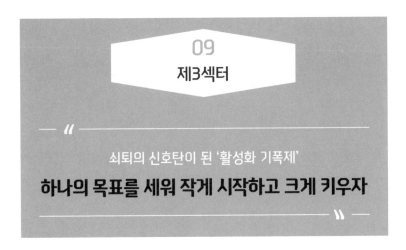

09
제3섹터

쇠퇴의 신호탄이 된 '활성화 기폭제'
하나의 목표를 세워 작게 시작하고 크게 키우자

지역자원이란 시설에만 한정되지 않는다. 지자체가 거액의 세금을 들여 설립한 '제3섹터'라는 법인도 그 자원 중 하나다. 제3섹터란 지방공공단체가 어떠한 형태로든 출자하거나 인력 등을 파견해 설립한 법인을 의미한다. 이런 법인은 일본 전국에 7,604개가 존재한다(2015년 3월 시점, 총무성 조사).

그런데 지역 활성화를 위해 만들어진 이런 법인이 지역 활성화는커녕 오히려 쇠퇴의 신호탄이 되고 있다.

대표적인 사례로 미나미알프스 시를 소개한다.

개업 3개월 만에 파탄 직전에 이른 미나미알프스 프로듀스

　2014년 미나미알프스 시는 정부로부터 '지역 활성화 종합특구'로 지정받아 지역 활성화 사업을 시작했다. 이 사업은 대형 관광농원을 조성해 농산물 생산, 가공, 유통을 일체화하는 것으로 '농업6차산업화'를 위한 대형 프로젝트다. 시는 '미나미알프스 프로듀스'라는 제3섹터 회사까지 설립해 지금까지 8억 엔을 투입했으나 개업 3개월 만에 파산 위기에 직면했고 지역에서는 큰 소동이 벌어졌다. 구제를 위해 지자체가 긴급 대출을 지원했지만 2016년 1월 25일 영업중지, 그리고 결국 파산했다.

　이는 비단 미나미알프스 시에만 국한된 얘기가 아니다. 전국 각지에 이런 문제를 가진 제3섹터는 산더미처럼 많다. 실제로 제3섹터 법인은 전체의 60%가 흑자이고 40%가 적자다(그림 2-2). 40%나 적자라니 칭찬할 바가 못 되지만 흑자인 60%도 순조롭다고 말하기는 어렵다. 실제로 전체의 약 43%가 지자체에서 보조금을 지원받고 있으며, 약 56%는 지자체에서 위탁료를 받고 있다. 다시 말하면, 행정적인 지출을 통해 흑자로 기록될 뿐이다. 그리고 2004년부터 2013년까지 법적으로 정리된 제3섹터는 200여 개에 이른다. 전국적으로 방대하게 존재하는 이 제3섹터는 커다란 문제를 안고 있으며 지방공공단체에 무거운 짐이 되고 있다.

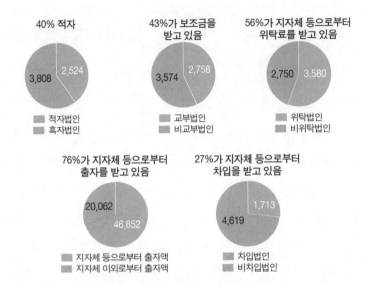

그림 2-2 제3섹터 실태

출처: 총무성 〈제3섹터 등의 상황에 관한 조사결과 개요〉에서 저자 작성

제3섹터 실패 요인의 3가지 공통점

지자체가 사업에 총력을 기울여 지원하는 제3섹터도 있는데, 그런 제3섹터일수록 커다란 실패를 반복하고 있다.

실패 요인에는 3가지 공통점이 있다.

공통점 1 : 하나의 제3섹터로 모든 것을 실현하려는 장밋빛 구상

지역 사업의 상당수는 지자체가 관여한다. 그래서 '역전 홈런 한 방'을 기대하며 사업 하나에 여러 가지 정책 목표를 포함한다. 제3섹터 사업계획서를 보면 전형적으로 다음과 같은 목표가 설정되어 있다.

'지역 산업이 활성화되어 관광객이 증가하고, 지역 상품도 잘 팔리고, 인구는 증가세로 돌아서고, 재정은 개선되고, 청년 일자리도 창출되고, 노인은 건강하고, 교육 수준은 향상되고 …'라는 식이다. 하나에서 열까지 모두 해결될 수 있다는 만능 계획이다.

사업계획에서 우선적으로 요구되는 사항은 성공을 향한 목표 설정이고, 그 결과로서 정책 과제가 해결되는 것이다. 여러 과제를 동시에 해결하면서 성공하는 것은 간단하지 않다. 상품을 개발하고 매출을 올리고자 하는 사업에 '청년 고용 해결', '인구 증가' 등의 과제까지 추가된 이 계획이 성공할 리는 만무하다. 결국 무엇을 위한 사업인지 애매할 정도로 목표가 분산된다. 사업목표와 정책목표가 뒤엉켜 일석이조는커녕 '사업도 실패, 정책도 실패'하는 어이없는 결과가 나타나고 만다.

공통점 2 : 시장을 무시하고 지역 합의, 제도·제약에 얽매인 사업

지자체 차원에서 전력을 다해 지원하는 제3섹터에는 많은 세금이 투입된다. 그래서 의회나 행정, 각종 시민참여위원회 등의 합의가 매우 중요하다. 정부 보조금을 활용한다는 것은 그만큼 제약도 따른다는 것을 의미한다. 세금으로 지원되니 이러한 합의와 제약은 당연하다. 그러나 사업적 측면에서도 과연 합리적인가에 대해서는 의문이다. 왜냐하면 사업의 내용이 '고객' 중심이 아닌 '지역 합의'와 '제도·제약'에 의해 결정되기 때문이다.

원래 신규사업에서는 먼저 소소한 신상품을 개발하고, 이벤트 판매 등을 통해 매출을 늘리고, 매출 증가 규모에 따라 시설과 같은 설비투자로 이어지는 것이 자연스러운 진행과정이다. 그런데 지역 활성화 핵심사업이 화려하거나 거창하지 않으면 합의를 이뤄내기가 어려워진다. 모처럼 보조금이 들어오는데 쓸 건 과감하게 쓰고 최대한 큰 사업을 하자는 목소리가 힘을 발휘하고 모두가 원하는 희망이 담기다 보니 터무니없이 큰 그림의 사업에 합의하게 된다. 결과적으로 제3섹터 사업은 영업실적이 전혀 없는데도 불구하고 거액의 투자를 통한 설비투자가 먼저 이뤄지게 된다.

실제 사업에는 시장원리가 작동한다. 보조금 활용으로 의회의 승인을 거쳐도 정작 소비자로부터 지지를 받을 수 있는지 여부는 별개다. 경쟁 서비스보다 우위를 확보하지 못하면 경영은 금세 악화된다. 결국 큰 허풍이 재난이 되어 제3섹터 사업은 큰 손실을 입게 되고, 지역은 쇠퇴의 길로 한 걸음 더 나아간다.

공통점 3 : 계획은 외주, 자금조달은 관공서, 실패해도 구제되는 현실

일반적으로 사업을 한다고 하면, 사업자가 고민하고 검토해서 자신이 보유한 자금을 토대로 투자자와 은행에서 투자를 받아 한정된 자원을 활용해 성공을 향해 노력해 가는 과정이 통상적이다. 마찬가지로 제3섹터 또한 독립된 법인이라면 스스로 사업을 계획하고 자금을 조달하며, 경영진은 그 성패에 대한 책임을 지면 된다.

하지만 현실은 그렇지 않다. 임원은 사업을 해본 적도 없는 관공서와 관련된 자가 맡고, 계획서 작성은 컨설팅 회사에 외주를 준다. 자금조달은 정부 보조금 외에 지자체로부터 직접 차입하거나 손실이 발생했을 경우에 지자체가 보상한다는 조건으로 은행에서 대출을 받는다. 법인으로서 제3섹터도 경영책임을 져야 하는데 경영에 책임이 없거나 사업을 해본 적도 없는 사람이 추진하는 것이 대부분이다. 그러니 업무를 맡기더라도 누구에게 맡기면 좋을지 판단조차 못한다. 손실이 발생해도 결국은 지자체가 어떻게든 해 줄 것이라 생각하는 '환경' 때문에 제대로 된 경영을 할 수 없다. 사업경영도 자본금도 책임소재가 불분명하다.

최악의 경우는 실패로 결정된 후 재건 계획을 또 다른 컨설팅 회사에 의뢰한다는 것이다. 그리고 "망치면 안 된다", "망하면 큰일이다"와 같은 얘기로 지자체가 허덕거리면서 구제대책을 강구한다. 이런 경우에는 제3섹터가 실패하고 망해도 끝나는 것이 아니라, 실패 이후의 지원이 오히려 더 비싸게 먹히는 일도 있다.

이처럼 '무리하게 설정된 여러 개의 목표', '지역 합의와 제도·제약', '계획은 외주, 자금조달은 관공서'라는 요인으로 인해 지역 활성화는커녕 지역 재정을 낭비하는 제3섹터가 허다하게 존재하고 있다.

실패로부터 배우는 '적소위대' 원칙

지역사업을 추진함에 있어서 이런 사례에서 배울 점은 사실 매우 단순하다.

- 사업에서 달성하려는 목표를 하나로 구체화할 것
- 작게 시작해서 매출 성장과 함께 투자 규모를 늘려나갈 것
- 영업이 가능한 사람이 경영하고 자금조달에 행정은 관여하지 말 것

이상 3가지가 기본 원칙이라 할 수 있다.

이와 관련해 오다와라 시의 '오다와라감귤협회'의 사업은 좋은 사례다. 이 협회는 지역에서 생산되는 감귤을 원재료로 사이다, 젤라토, 양갱 등을 상품화하고 농산품을 가공하여 소득을 개선했다. 행정 예산에 의존하지 않고 온전히 민간주도로 프로젝트를 시작해 지금까지 성장을 계속하고 있다.

이런 방식은 에도 시대 후기에 600건이나 되는 농촌재생을 이끈 오다와라 지역의 선구자인 니노미야 손토쿠(二宮尊德, 에

도 시대의 농정가·사상가)가 남긴 '적소위대(積小爲大)'에 근거한다. '적소위대'는 작은 것이 쌓여 크게 된다, 큰 것이 작은 것을 낳는 것은 아니다, 즉 큰일을 이루려면 작은 일을 소홀히 해서는 안 된다는 의미를 담고 있다. 모든 일과 사물에는 반드시 순서가 있다. 이 교훈은 현재에도 적용되는 매우 귀중한 가르침이다.

니노미야 손토쿠의 가르침에 대해서는 제4장에서 다시 한 번 소개하고자 한다.

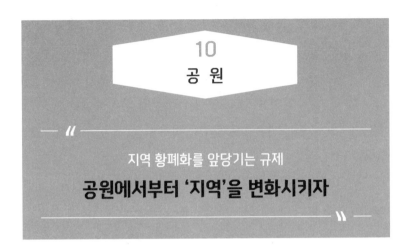

10
공 원

"
지역 황폐화를 앞당기는 규제
공원에서부터 '지역'을 변화시키자
"

지역에는 어떻게 활용하느냐에 따라 가치가 달라지는 자원들이 있다. 대표적인 것이 '공원'이다.

현재의 공원은 정해진 법률과 조례에 따라 천편일률적으로 조성되어 세금으로 관리되고 있다. 그러면 어떻게 활용하면 가치를 올릴 수 있을까? 일반적으로는 개인 등 민간이 소유한 자택이나 자산(건물이나 논밭 등), 그리고 행정이 소유·관리하는 토지나 시설 등을 어떻게 효과적으로 활용할 것인가가 주요 과제가 된다.

아무것도 할 수 없는 '규제 투성이' 공간, 공원

　일본의 공공자산은 전후 일관되게 '배제의 공공성'이 성립돼 왔다. 일부 어떤 사람들의 반대가 있으면 그 반대를 근거로 금지에 금지를 거듭한 끝에 최종적으로 아무도 불평하지 않는 범위에서 공공성을 확보한다는 방식이다.

　유명 건축가가 설계한 공공시설에도 입구에서부터 진입금지용 안전 고깔(공사현장이나 도로에서 차량통제용으로 사용하는 붉은색 원추형 도구)이 줄지어 서 있고 벽에도 'ㅇㅇ금지'라는 전단

어느 공원의 간판
'금지사항'으로 가득 차 있다.

지가 잔뜩 붙어 있다.

이 중에서도 공원은 다양한 놀이가 사실상 금지되어 아무것도 할 수 없는 공간으로 변했다. 원래는 많은 사람들의 이용을 위해 존재해야 할 공원이 사실상 모든 것이 금지된 서글픈 공간이 된 것이다. 이런 금욕적인 공간이 어떻게 지역을 활성화시킬 수 있을까? 오히려 황폐화를 앞당겨 주변 지역의 가치를 떨어뜨린다. 그래서 지역 활성화를 위해서는 '감점평가방식'이 아닌 '가점평가방식'으로 공공재산의 활용방안을 모색할 필요가 있다.

공원에서 탄생한 상장기업

가점평가방식으로 공원을 운영하는 대표적인 3곳을 소개한다.

일본에서 가장 분위기 좋은 맥주가든이 어디일까? 매년 여름 삿포로 오도리 공원에서 열리는 맥주가든이 아마 일본 제일일 것이다. 거기에서는 구역마다 삿포로, 아사히, 기린, 심지어 외국 맥주회사들까지 경쟁적으로 참여하는 맥주가든이 열려 방문객들로 넘쳐난다. 저녁 시간 후에는 방문객들이 맥주가든에서 지역의 음식점으로 이동한다. 맥주가든에 참여한 사업자가 내는 공원이용료는 복지 재원으로 활용된다.

도야마 시 후간운가칸스이공원은 원래부터 훌륭한 공원이긴
했지만 시민들에게 큰 인기를 끌 정도는 아니었다. 하지만 스타
벅스가 입점하고 2008년 스타벅스그룹이 주최하는 스토어 디자
인상에서 최우수상을 수상하면서 이 공원 내 스타벅스가 '세계
에서 가장 아름다운 스타벅스'로 유명해졌다. 지금은 지역주민
들이 자랑스럽게 찾는 곳이다. 그 후 프랑스 음식점이 공원 내
에 입점했고 최근에는 세련된 의류점 등이 주변에 입점하는 등
지역 전체 이미지가 점점 향상되고 있다.

　　이와테 현 시와초의 오가루 광장은 법률이나 조례 등의 규제
가 많은 공원이 아니라 '광장'으로 용도가 지정되어 있다. 녹지

뉴욕 시 브라이언트 공원
2014-2015년 겨울철 미국 최대 금융회사인 뱅크오브아메리카가 공원 영업권 일부를
매입해 스케이트장을 운영하자 공원이 크게 붐볐다.

뿐 아니라 휴식 공간, 바비큐 시설 등 취사도 가능하도록 정비되어 있어 주말에 특히 인기가 높다.

이런 방식의 공원 활용은 미국에서는 당연하게 여겨진다. 뉴욕 시의 'Park Management' 부서(일본의 공원녹지과)가 최근 10년 동안 관심 갖고 진행한 것은 '공원 컨세션 사업'*이다. 공원 컨세션 사업은 공원의 일부 영업권을 입찰 판매해 그 수입으로 공원의 품질 수준을 끌어올리는 접근법이다.

맨해튼의 비교적 소규모 공원인 매디슨 스퀘어 파크에는 유기농이나 지역공동체를 콘셉트로 한 '셰이크 셰크'란 햄버거 가게가 입점해 있다. 이 가게도 공원 컨세션으로 낙찰받아 아주 큰 인기를 끌면서 주변 지역에 잇달아 지점을 개점했고, 2015년 1월에는 뉴욕 증권거래소에 상장하기에 이르렀다.

이런 기업들을 대상으로 공원 컨세션을 실시하자 뉴욕 시 세입이 증가했다. 증가된 세입으로 사계절 식물 관리, 어린이용 놀이기구 정비를 포함한 공원 관리도 가능하게 됐다. 촌스러운 매점이 아닌 고품질의 세입자가 들어서면 지역 전체의 가치도 올라간다. 그리고 세입 증가로 공공서비스도 개선되는 선순환 구조가 형성된다.

---

* 컨세션(Concession) 사업: 공항, 철도, 고속도로 휴게소, 리조트, 쇼핑몰, 병원 등 유동인구가 많은 장소 내 상업시설의 독점 사업권을 부여받는 대신 투자, 임대료 및 수수료를 지불하는 사업. 사업자는 일정 기간 동안 운영권을 보장받게 되고 각 매장의 콘셉트를 자유롭게 선택할 수 있으며, 직영 또는 재임대가 가능하게 된다.

히비야 공원과 마츠모토루 관계에서 배우는 메이지 지혜

뉴욕 시의 사례를 설명했는데, 사실 이는 미국을 특별히 배워야 한다는 의미가 아니다. 사업특성을 반영해 공공자산의 가치를 높이는 지혜는 과거 일본에도 있었다. 누구나 알고 있는 도쿄 치요다구 '히비야 공원'이 그것이다.

근대 서양식 공원을 목표로 만들어진 히비야 공원(1903년 개원, 약 16만 1,000㎡)에는 개원 당시부터 서양식 화단, 레스토랑, 음악당이 조성됐다. 그리고 공원 한복판에는 그 유명한 '마츠모토루'라는 오래된 프랑스 레스토랑이 개장했을 때부터 입점해 있었다. 오사카 우메요시라는 개인이 낙찰받아 현재까지도 오사카 씨의 후손이 경영하고 있다. 메이지 시대의 도쿄 시 공원은 독립 채산성(수입과 지출이 맞아서 이익이 있는 성질)이 높았고, 마츠모토루와 같은 임대 입찰을 비롯해서 호수의 보트 임대료나 음악 홀의 입장료 등 다각적인 수입으로 건설과 운영비용을 충당했다.

공원을 활용한 지역 전체 관리

이는 단순히 재정적 측면만을 의미하는 것은 아니다. 유럽의 공원처럼 멋진 레스토랑과 카페, 야외음악당과 같은 부대시설을 갖춰 시민들에게 제공함으로써 그 장소의 가치를 향상시키면 주변 지역의 가치도 상승되는 공공재로서의 역할을 지향한다는 뜻이다.

공원을 활용한다고 할 때 정말 중요한 것은 공원을 매개로 지역 전체를 관리할 수 있다는 관점의 전환이다. 예를 들면, 공원 주변의 도로까지 포함한 일체화된 운영방식을 생각할 수 있다. 통행량이 그리 많지 않다면 자동차 진입을 제한하여 공원에 접한 가게가 도로를 활용해 오픈 카페를 운영할 수도 있다. 그리고 공원 울타리나 가드레일도 철거해서 전면도로까지 영업하게 한다. 전면에는 초록 공원이 펼쳐져 있고, 그곳에서 시즌마다 다양한 행사가 열린다면 입점하는 가게 종류도 다양하고 주변 점포의 월세도 오를 것이다.

이는 부동산 가치가 상승하는 계기도 된다. 부동산 가치가 상승하면 지자체가 걷어들이는 재산세가 증가한다. 이 상승분으로 유지관리에 필요한 비용을 충당한다. 쉽게 말하면 지자체가 합법적으로 장소세를 올리는 것이다. 이러한 방식은 지자체만이 할 수 있는 것이다.

일본의 중앙정부와 지자체가 소유한 공적 부동산 가치는 약 570조 엔(국토교통성 발표) 정도다(그림 2-3). 공공 관련 자산은 '세금으로 조성되고 세금으로 유지되는 것'이라는 인식으로 인해 그동안 공적 자산의 활용에 대해서는 일부에서만 논의되어 왔다.

그러나 인구감소사회로 접어들면서 세금수입의 감소가 지자체 재정난으로 이어지면서 공공재산을 관리하는 예산도 점점 줄어들고 있다. 특별한 경우를 제외하고 시민들의 이용을 배제

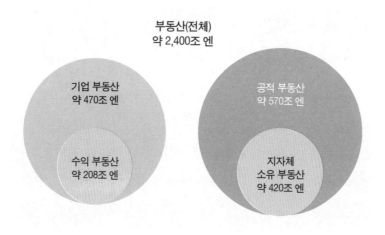

그림 2-3 **공적 부동산 규모**

출처: 부동산 증권화 방법 등에 의한 공적 부동산(PRE) 활용 방식에 관한 검토회(제1회 자료)

해 온 지금까지의 공용공간에 대한 운영방식에 종지부를 찍어야 할 때인 것이다. 이제는 공용자산을 활용하는 새로운 방법에 눈을 돌릴 필요가 있다. 공원만 하더라도 할 수 있는 것이 무수히 많다. 한편 민간 활용이라고 하면 바로 지정관리방식을 취하기 쉽다. 이것은 민간기업에 포괄적으로 업무를 위탁하는 제도다. 통째로 업무를 위탁하는 것은 단지 행정지출만 조금 줄어드는 것이므로 큰 변화를 이끌어내기는 어렵다.

공적 자산의 일부를 민간기업이 이용하는 경우 입찰에 따른 적정 임대료와 관리비를 행정에 지불하는 것은 당연하다. 행정은 주위의 부동산 가치를 올리고 재산세에 의한 세입 증가를 목표로 활용범위를 확장할 필요가 있다. 그리고 시민들을 위한 공공서비스 개선을 위해 증가된 세입을 활용할 수 있다. 정상적인 행정과 민간 관계는 이런 방식이라 할 것이다.

물론 공공자산 전부를 사업에 활용해야 한다는 것은 아니다. 하지만 570조 엔 자산 중 10%인 약 60조 엔 정도라도 유효하게 활용된다면 공공서비스가 좀더 확충될 수 있고 그것이 지역경제 활성화의 계기가 될 수 있다. 기존의 공공자산 운영방식을 재검토해서 인구감소사회에서도 공공자산 관리와 서비스 유지를 포기하지 않고 향상시킬 수 있는 방법들을 찾아내야 한다.

지금까지 미치노에키, 제3섹터, 공원 등 지방이 보유한 자원의 문제와 가능성을 설명했다. 이런 것들은 문제가 있으면 개선하면 된다. 그런데 인식하고 있으면서도 왜 개선되지 않을까? 이는 과거의 상식에 사로잡혀 있는 지방의 '융통성 없는 성실맨'과 관련지어 생각해 볼 수 있다.

이에 대해 살펴보자.

'관행'과 '고지식함'이 초래하는 지역 쇠퇴

지역을 활성화하려다 실패한 프로젝트는 매우 많다. 이유는 무엇일까? 그것은 인구증가사회에서 사용했던 방법을 인구감소 사회에 그대로 적용하고 있기 때문이다. 이런 방식이 그대로 유지되는 것은 지역의 주요 조직에서 과거에 형성된 관행을 지키면서 날마다 꾸준히 업무를 수행하는 융통성 없는 '고지식한' 사람들이 일하기 때문이다.

일본인들은 집단 내에서 상식을 지키고 날마다 주어진 업무를 성실하게 수행하는 것을 '일'이라고 배워왔다. 그러나 성실하게 수행하는 것만으로는 부여된 규칙에 대해서 문제를 제기하고, 조직적으로 수정하는 등의 능동적인 업무처리는 근본적으로 불가능하다.

사회 환경이 크게 바뀌어 결과적으로 과거의 방식이 실패하고 있음에도 여전히 과거와 같은 방식으로 사업을 진행하기 때문에 지역 쇠퇴가 가속화되는 것이다. 2015년 전국 지자체에서 수립한 지방창생 종합전략은 지역의 미래를 위해 매우 중요한 계획임에도 일손이 부족하다는 이유로 종래대로 이름뿐인 컨설팅 회사에 외주를 주어 어디선가 본 것 같은 사업만 잔뜩 나열되어 있다.

이런 방식으로 과연 지역을 살릴 수 있을까?

인구급감 사회에서의 성실함은 대실패의 원인

상식이란 모두가 알고 있는 방법과 제도다. 성실함이란 기억하고 있는 프로세스를 활용해 쓸데없는 말을 하지 않고 빨리 처리하는 것이다. 많은 지역에서 이 상식과 성실함을 기반으로 사업을 수행한다. 그런데 더 이상의 사업성과를 얻을 수 없는 것은 바로 이 상식과 성실함 때문이다.

인구증가사회에서 지방은 중앙에서 정한 제도를 기준으로 컨설팅 회사에 외주를 주고 지역의 요구사항을 반영해 계획을 세우고, 정해진 예산을 확보하고, 예산을 집행하여 중앙에 보고하면 그만이었다. 지방에서도 도시지역 흉내를 내어 그대로 따라 하면 별다른 문제가 없었다. 그것이 상식적이고 성실하게 일하는 방식이며 성과를 기대할 수 있는 프로세스였다.

그러나 인구감소사회로 전환되면서 모든 전제가 변화하게 됐다. 더군다나 인구는 지방에서 먼저 줄어들기 때문에 중앙에서는 상황을 체감하지 못하고 해결책도 현실적이지 않다. 그럼에도 중앙은 기존 방식대로 지방에 일을 계속 떠넘기고, 지방에서는 과거의 상식대로 고지식하게 일한다. 그 결과, 터무니없는 실패가 반복된다.

막대한 보조금을 투입하고도 폐허가 된 재개발 시설, 정비된 토지계획 내에 방치된 공업단지, 마을 전체가 유령도시화된 구획 정리, 사용되지 않는 고품질의 농작물 가공공장 등 이런 것

폐허가 된 재개발 시설
많은 보조금을 투입해 재개발했는데도 공실로 남아 있다. 소유자는 세금으로 임대 보
상을 받고 있어서 입주자를 찾으려는 의욕도 낮다.

들이 바로 상식적인 방식으로 융통성 없이 성실하게만 수행한
결과물의 전형이다. 활성화를 목적으로 막대한 세금이 투입됐
음에도 활성화는커녕 오히려 지역 경제와 재정에 무거운 짐으
로 남아 지역 쇠퇴 가속화라는 결과를 불러오고 있다.

　지역 활성화 사업의 실패는 비상식적이고 불성실하게 프로
젝트를 추진한 결과가 아니다. 오히려 과거의 제도와 정책을 모
범답안으로 여기고 상식에 따라 모두가 매일 성실하게 업무를 수
행한 결과다. 이 문제의 뿌리가 너무 깊게 박혀 있어서 그것이
오히려 더 큰 문제다.

지역이 해야 할 것은 '상식 깨기'

그럼 어떻게 해야 할까? 지역이 해야 할 것은 우선 다음과 같은 3가지 상식을 깨는 것이다.

상식 깨기 1 : 남들과 다르게 수요를 개척하자

인구감소사회에 접어든 지금, 지역 활성화에 필요한 것은 남들과 다른 방식으로 수요를 개척하는 것이다. 인구증가사회에서는 물량이 부족했기 때문에 얼마나 신속하게 공급하느냐가 과제였다. 그러나 지금은 사회가 변했다. 과잉 인프라와 부동산이 남아돌고 있어서 오히려 이런 것들을 줄여야 할 상황이다. 공급이 중요했던 시대에서 수요가 중요한 시대로 전환됐다. 수급 관계의 전제가 바뀌었는데 여전히 과거의 상식을 끌어안고 있으니 실패하는 것은 당연하다.

상식 깨기 2 : 성실성만으로 과정을 평가하지 말자

일반적으로 성실하게 업무를 수행하는 사람은 비난받기 어렵다. "저 사람은 성실한 사람이다", "열심히 한다"라는 것만으로도 조직에서 평가가 좋아진다. 물론 불성실한 것보다는 낫다. 그러나 분업화된 업무를 성실히 수행하고 부정을 저지르지만 않으면 결과와 관계없이 웬만하면 좋은 게 좋은 거라고 평가하는 방식으로는 어려운 상황에 놓여있는 지역 활성화와는 점점 더 멀어질 뿐이다.

결과에 대한 엄격한 평가 없이, 서로 적당히 말로 때우는 관계로 이뤄지는 평가체계가 프로젝트 실패를 방치하고 또 다른 실패를 초래한다. 이런 상호의존 평가 방식으로 일해 온 사람들이 스스로 이것을 깨는 업무 방식으로 전환하기란 매우 어렵다. "성실히 일했으니 결과는 좀 나쁘더라도 괜찮다"고 방치되는 평가로 인해 지역은 점점 더 쇠퇴하는 것이다.

상식 깨기 3 : 변화를 '비상식'적이고 '불성실'한 것으로 간주해 무너뜨리지 말자

새로운 지역 활성화 사업을 수행하는 데 있어서 과거의 방식이 아닌 새로운 업무방식의 적용에 대해서는, 특히 상식을 존중하고 성실하게 업무를 수행하는 사람일수록 더 과잉 반응한다. 그런 새로운 노력이나 진행방식을 '비상식'적이고 '불성실'하다고 판단하면서 '할 수 없는 이유'를 늘어놓는 것이 현실적이라고 착각하고 발언하는 사람이 반드시 있다.

그래서 조직 안팎에서 새로운 것에 도전하는 사람을 집단적으로 방해하고 무너뜨리는 일이 종종 발생한다. 모처럼 시작된 새로운 노력이 실패하게 되면 지역은 어떻게 될까? 과거의 상식에 사로잡힌 방식으로 성실하게 일하는 사람만이 승진하고 살아남는 슬픈 구조만 남게 된다. 그러는 사이 지역의 쇠퇴는 계속된다.

조용히 결단하는 개혁가와
스스로 행동하는 실천가의 연계가 중요하다

　과거의 상식에 사로잡혀 성실하게 업무를 수행하는 조직에서 탈피하려면 조직 리더의 큰 결단과 현장에서 쌓아온 작은 실적들의 축적이 필요하다.

　변화를 표방하며 요란한 일을 벌려 언론에 오르내리면서도 최종 성과에는 책임을 지지 않고 혼자서만 변화를 추구하는 사람이 간혹 있다. 하지만 이런 활동은 그리 오래가지 않는다. 이것은 기업과 행정 모두에 해당된다.

　변화란 처음에는 일부에서 시작되지만 최종적으로는 지역과 조직 전체로부터 이해받아 많은 사람들에게 퍼져나간다. 그래서 리더는 주변을 이해시키고 절차를 근거로 계획을 수정하고, 실천가는 모두가 변화를 체감할 수 있도록 실적을 하나하나 만들어 갈 필요가 있다. 이것이 자리를 잡아가면 처음에 비상식적으로 여겨졌던 것도 이해가 깊어지고 작은 성공사례가 쌓이면서 새로운 상식이 된다. 절차가 불성실하게 보였던 것도 현장에 맞춰 반복된 수정을 거치다 보면 진정한 변화로 연결된다.

　조용한 개혁가와 작게 쌓아 올라가는 실천가가 연계하면 과거의 상식을 타파할 수 있다. 이것이야말로 성실하게 노력할 뿐 성과가 나지 않는 과거의 방식을 변화시키는 데 필요한 것이다.

지금 지방에 필요한 것은 과거의 상식과 성실성을 계승하는 것이 아니다. 화려한 독재자와 같은 개혁가의 일회성 변화도 아니다. 과거에 사로잡히지 않고, 새로운 시대에 적합한 방식을 만들어 확실한 성과를 창출하는 '새로운 성실함'을 확립하는 것, 이것이 지금 지방에 요구되는 것이다.

그러면 그런 변화는 어떻게 만들어낼 수 있을까? 이제 그 실례를 알아보자.

오걸 프로젝트

과거 문호개방 때처럼 처음에는 비난 속출

민간이 만든 공공시설로
세수입을 증가시키고 지역 가치도 높이자

"

지역자원을 활용하기 위해서는 기존의 상식에 얽매이지 않고 조용한 변화를 추구해 나아가야 한다. 그런 사례가 정말 존재할까? 행정과 민간이 적절하게 연계해서 지역의 부실자산을 오히려 수익창출 자산으로 전환시키는 사례가 조금씩 나오고 있다.

이와테 현 시와초의 '오걸 프로젝트'가 그 하나다.

공공시설은 모두 세금으로 지어야 할까?

세수가 줄었으니 공공시설을 줄여간다. 이것은 인구감소로 세수가 증가할 전망이 없는 지자체 입장에서 보면 합리적인 의견이다. 사실 이런 발상은 '모든 공공시설은 세금으로 조성하고 세금으로 유지한다'는 것을 전제로 한다. 인구가 줄면서 지역의 내수경제도 쇠퇴해가는 상황에서 필요한 것은 단순히 지방세수에 근거해 공공시설을 줄이는 것만이 아니다. 오히려 '무엇이든 세금으로'라는 인식에서 공공시설 본연의 기능에 대한 우리의 사고를 전환하는 것이 중요하다.

그런 일을 멋지게 해결한 곳이 이와테 현 시와초다. 도쿄에서 신칸센과 기차로 3시간 정도 떨어져 있고, 인구는 약 3만 4,000명으로 모리오카 시와 하나마키 시 사이에 있는 농업이 주력산업인 지역이다.

시와초는 취약한 재정기반에도 1997년 다양한 공공시설과 주거집약을 위해 도심중심부에 있는 시와중앙역 앞 토지 10.7헥타르를 28억 5,000만 엔이라는 거금을 들여 매입했다. 그러나 지나고 보니 세수가 그 해 가장 높았고 이듬해부터는 줄어들어 개발계획이 무산되고 말았다. 결국 토지는 매입했는데, 계획했던 시설을 건설할 예산이 없는 상황에 빠졌다. 게다가 이 결정을 내린 지자체장은 선거에서 져서 퇴진해 버렸다. 새로운 지자체장(후지와라노 다카시)은 불완전한 계획에 따른 개발은 손실만 더 커진다고 판단해 매입한 토지를 겨울철 짧은 기간 동안 '눈 쌓아두는 장소'로 그나마 10년째 이용해 왔다. 아마 눈 버리는 곳 중에서는 일본에서 가장 비싼 곳일 것이다.

이 상황만 보면 누구라도 포기할 것 같은 악몽 같은 얘기다. 모든 것이 끝나버린 것처럼도 보인다. 그러나 지자체장을 비롯한 관계자들은 포기하지 않았다. 이미 구입한 그 토지에 대한 '관 주도 개발을 포기하고 민간 개발 방식으로 전환해 민관협력사업으로 추진'하기로 결단했다. 그리고 시와초 민관협력 기본계획을 수립했는데, 그것이 '오걸 프로젝트'다. 어쩌지도 못하고 눈 쌓아두는 장소로 간신히 이용되던 곳에 카페, 시장, 육아지원시설, 도서관, 운동장, 호텔, 새로운 주민센터, 나아가 선진적인 분양형 에코주택까지 들어서는 대형 재생 프로젝트가 추진됐다.

"민간에게 맡긴다니", "이건 행정 포기다"라는 비난 속출

　오걸 프로젝트 추진은 '행정에 돈이 없기 때문에 민간 개발로 전환해서 금융기관으로부터 자금을 조달해 공공시설과 민간시설 양쪽 모두를 개발한다'는 방침이었다. 그러나 처음에는 현지에서 "그런 개발 형식은 들어본 적 없다", "행정이 해야 할 일을 포기한다", "말하는 대로 그렇게 순조롭게 될 리가 없다"라는 반대 의견이 쏟아졌다. 그럼에도 시와초 민관협력팀은 포기하지 않고 프로젝트를 진행했다. 행정은 이미 결정된 도시계획을 과감하게 뒤엎었다. 통상적으로는 있을 수 없는 일이었다. 그리고 민간투자가 가능하도록 내용을 변경했다.

민간은 보조금과 교부금에 의존하지 않는다는 각오로 임대 영
업수입을 근거로 금융기관과 계속적으로 자금조달에 대해 협
의했다. 일반적으로 회수가 용이한 흑자경영 사업이 아니면 금
융기관 대출이 어렵다. 민관협력팀은 이에 맞추는 것이 지역이
강해지는 것이라 여기고 추진했다. 지방의회도 지지했다.

　시와초 인구는 3만 4,000명에 불과했다. 프로젝트 진행을 위
해서는 발상의 전환이 필요했다. 그 발상의 전환은 프로젝트 핵
심시설인 오걸 플라자의 도서관에서 시작됐다. 도서관은 공공
시설이지만, 민간 관점에서 보면 '커다란 집객 장치'다. 이것이

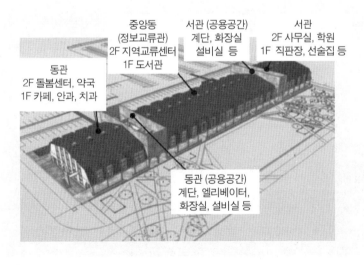

그림 2-4　오걸 플라자

중요한 요소다. 아무도 오지 않는 곳에는 가게를 열고 싶지 않 겠지만, 이 도서관처럼 연간 10만 명 이상 방문하는 시설에는 입점하고 싶은 사람이 많을 것이다. 그래서 지역의 주요 시설인 도서관을 무상으로 개방하고 방문객을 위한 카페, 클리닉, 신 선 식품점 등을 유치해 민간 세입자로부터 월세와 관리비를 받 는 이익 창출 계획을 세웠다.

그리고 창출된 수익금을 도서관 유지관리비로 사용해서 공 공성을 유지했다. 민관협력과 연계를 경영적으로 이뤄낸 것이 다. 이렇게 해서 도서관을 중심으로 정보교류관(중앙동)과 양쪽 민간사업관(동관·서관)이 연결되는 일체화된 민관연합시설인 '오걸 플라자' 모델이 개발됐다(그림 2-4).

───────────────────────────── 》 ─
지자체 주도로 시설을 개발하면 왜 실패할까?

많은 지자체에서 공공시설과 민간시설이 연계된 개발을 계 속 진행하고 있다. 하지만 대부분 실패하고 만다. 이는 공공시 설 개발기법을 이용해서 민간시설을 함께 짓기 때문이다. 지자 체·정부에 의한 개발과 민간·금융기관 등에 의한 개발은 다 르다. 그 차이는 굉장히 중요하다(표 2-1).

우선 예산과 관련해서 보면, 지자체·정부에 의한 개발은 가 용금액을 모두 소진하는 것이 전제가 된다. 한편 민간·금융

표 2-1 공적 개발과 민간 개발의 차이

구분	예산	스케줄	스펙(사양)
지자체와 정부에 의한 개발	정부 보조금·교부금과 지역 예산으로 쓸 수 있는 최대한의 금액 사용	예산연도의 스케줄에 맞춰 연말에 해치우기 식의 왜곡이 발생하기 쉬움	컨설팅과 학계 전문가 등으로 이루어진 위원회에서 책정되어 화려해지기 쉬움
민간과 금융기관에 의한 개발	수익 계획에 따라 상환 가능한 금액	계획대로 영업이 확정될 때까지 투·융자를 할 수 없음	변제 계획에 따라 예산금액이 결정되고 그 범위 내에서 가능한 시설 등이 설치됨

기관에 의한 개발은 수익계획을 세워 상환할 수 있는 범위 내에서 투자한다.

스케줄에서도 차이가 있다. 예산연도에 묶여 있는 지자체·정부에 의한 개발은 '12월까지 다 써야 한다'는 등의 이유로 계획대로 세입자가 모집되지 않아도 공사를 시작하는 등의 왜곡이 발생한다. 그러나 민간·금융기관에 의한 개발에서는 그러한 왜곡은 발생하지 않는다. 오히려 계획대로 진행되지 않는 동안에는 금융기관에서의 투·융자 등이 이뤄지지 않아 공사를 할 수 없다.

시설의 사양도 다르다. 지자체·정부에 의한 개발은 다양한 관계자의 기대가 집중되면서 화려해지는 경향이 있지만, 민간·금융기관에 의한 개발에서는 '변제 계획'이 최우선되므로 가용할 수 있는 범위 내에서 설비가 들어가게 된다.

오걸 플라자 전경
바비큐 등을 즐길 수 있는 오걸 광장을 사이에 두고, 도서관과 시장 등이 들어서는 오걸 플라자(왼쪽)와 배구 훈련 전용 체육관과 호텔 등이 들어선 오걸 베이스(오른쪽)가 배치됐다. 그 밖에 시와초 청사 등이 부지 내에 들어섰다.

이같이 '시장경제의 엄격한 시선'으로 사전에 검토를 받는 민간 개발이 적절하고 현실적인 문제에 대처할 수 있기 때문에 프로젝트의 지속가능성은 높아진다. 이것은 '이익창출주의'만을 강조하는 것이 아니다. 오히려 상환 가능한 시설은, 건설비 확보가 어렵고 유지관리비 예산이 감소되는 지역일수록 중요하다는 것이 객관적인 평가라 할 것이다.

사실 지속가능성은 행정이 더 지향해야 한다. 그런데 기존의 지자체·정부는 예산만 있으면 개발에 써 버린다. 물론 모든 것을 민간자금으로 할 수는 없다. 시설 전체의 이용 가치와 운영 관리를 고려해 시작 단계에서 '어려운 현실'을 회피하지 않는 것이 중요하다. 적어도 민간자금에 맞춰 개발계획을 세운다면 세금 낭비는 그만큼 줄어들 것이다.

오걸 플라자는 금융기관에서 투·융자를 결정하기 위해 개발 전 입주자를 모집하는 데에 무려 18개월이나 걸렸다. 모든 세입자가 정해질 때까지 개발할 수 없었기 때문이다. 그 결과, 대출하는 연면적에 해당하는 모든 세입자를 개발 전에 모두 확정할 수 있었다.

한편 중요하게 재검토된 사항 중 하나는 건설비였다. 검토 결과 당초의 기본설계가 과다하다고 판단해 처음에 계획한 철근 콘크리트조 3층 건물을 취소하고 더 저렴한 목조 2층 건물로 변경했다. 이를 통해 건설비가 줄었고 결과적으로 도서관도 관공서 표준설계보다 수억 엔 적은 비용으로 해결했다.

또한 관은 공공기관만이 할 수 있는 것들을 수행했다. 그중 하나가 이미 결정된 도시계획의 변경이다. 일반적으로 행정이 민간 계획에 맞춰 결정을 뒤집지 않는데, 시와초 행정 공무원들은 그것을 과감하게 해냈다.

-- 》 ——

다케오 시와는 정반대의 오걸 도서관의 발상

앞에서 오걸 프로젝트 핵심인 오걸 플라자 도서관에 대해 설명했는데, 행정과 민간이 협력하는 도서관이라면 사가 현 다케오 시의 다케오도서관이 유명하다. 이 도서관은 다케오 시가 CCC(Culture · Convenience · Club)에 비용을 지불하는 방식으로 운영하는 사례다.

그러나 시와초의 오걸 플라자는 한 발 더 진전된 민관협력 방식이다. 민간기업인 오걸 플라자의 운영회사와 입주 세입자는 시와초에 임대료와 재산세 등을 납부한다. 오걸 플라자에 입주한 민간 세입자인 카페, 선술집, 직거래장, 학원, 클리닉 등에는 많은 일자리도 생겨나고 있다. 또한 시와초 도서관은 저비용으로 건축됐지만 연간 10만 명이라는 당초 계획을 크게 넘어 연간 30만 명 이상이 방문하고 있다. 이는 거액의 개발 예산을 투입한 모리오카 역 앞의 현립도서관에 뒤지지 않는 이용 규모다.

지역 주력산업인 농업 관련 서적의 배치도 훌륭하고 도서관에서 스터디 모임도 활발하다. 중 · 고교 학생들은 주로 저녁 시간에 방문해 자유공간(free space)을 이용한다. 이전에는 모리오카 시나 하나카 시가 주변 지역의 이용자들을 흡수했지만, 지금은 반대로 시와초가 주변 지역의 이용자들을 끌어들이고 있을 정도다. 이 사업의 성공은 공공 마인드에 대한 인식이 훌륭한 민간과 지자체장의 리더십, 의회의 협조를 비롯한 지자체 공무원과 법무까지 결합했기에 가능했다.

지방창생 사업을 추진할 때 '지방은 허약하니까 정치와 행정의 힘으로 어떻게 해보자'라고 주장하기 쉽다. 그러나 그런 사고로는 성과를 내기 어렵다는 것을 지금까지의 사례로 알 수 있다. 단순히 재정적 도움을 받는 것은 재생이 아니다. 언제까지 중앙정부로부터 지방으로의 권한 이양을 주장하면서, '주도권'과 '세금'을 서로 빼앗는 데 에너지를 쏟을 것인가. 이제 싸움은 포기해야 한다. 오히려 지방에서 민간이 금융기관과 협력해 지혜를 짜내서 공공시설과 지역경제 활성화를 결합한 새로운 프로젝트를 개발하는 편이 더 실현 가능성이 높다.

⚠ 위험도 체크리스트

01
- ☐ 투자금액을 보조금 제도에 맞춰 검토하고 있다.
- ☐ 행정이 관계하므로 이익창출에 얽매여서는 안 된다.
- ☐ 지역 활성화는 행정의 일이다.
- ☐ 지역 상품이 팔리면 지역이 활성화될 것이다.
- ▶ 민간도 시장경제 원칙에 따라 이익을 창출하자.

02
- ☐ 제3섹터에 많은 정책 목표를 부여하고 있다.
- ☐ 지역합의 · 제도 준수는 변할 수 없는 원칙이다.
- ☐ 자체적으로 추진하기 어렵기 때문에 외주를 주로 한다.
- ☐ 어떤 일이 발생하면 행정에 의존할 수밖에 없다.
- ▶ 작게 시작해서 조금씩 크게 성장해 가자.

03
- ☐ 문제가 발생하지 않도록 '금지 규칙'을 항상 고려하고 있다.
- ☐ 공공자산은 '세금으로 짓고 세금으로 유지하는 것'이 기본이다.
- ☐ 민간자산의 가치를 높이는 것에 행정은 관여하면 안 된다.
- ☐ 지역 가치 향상이 부동산 상승으로 이어진다고 생각해 본 적 없다.
- ▶ 공원의 매력을 높여 민간에도 개방해서 주변 지역의 부동산 상승을 도모하자.

04
- ☐ '사례가 있다'는 것은 좋은 일이라고 주위에 말하고 있다.
- ☐ 절차를 제대로 밟는 것이 최우선이라 생각한다.
- ☐ 성실하지 않은 사람은 사업을 할 수 없다고 생각한다.
- ☐ 어떤 일에 몰두할 때는 우선 공부를 시작한다.
- ▶ '성과를 내는 것'이야말로 새 시대의 사명이라 생각하자.

05
- ☐ 행정 예산이 없으면 아무것도 할 수 없다고 생각한다.
- ☐ 민간은 민간, 행정은 행정으로 전혀 다른 논리가 있다.
- ☐ 공공시설로 수익을 내는 것은 괘씸한 것이다.
- ☐ 세금이 아닌 민간자금으로는 공공서비스사업은 할 수 없다고 생각한다.
- ▶ 행정과 민간이 각각 '할 수 있는 일'을 발굴해 민관이 서로 협력하자.

제3장

사람 활용법

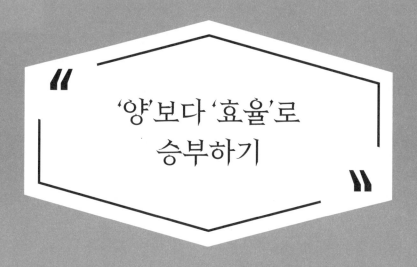

"
'양'보다 '효율'로
승부하기
"

지역 활성화에서 중요한 것은 적절한 과제설정과 그 해결을 위한 사업발굴이다. 그런데 그중에서도 중요도가 높은 지역경영 자원인 '사람을 활용하는 방법'부터 잘못된 경우가 많다.

지역 활성화 분야에서 사람을 활용하는 방법에는 2가지 관점이 있다. '인구'와 '인재'가 바로 그것이다. 지방소멸론이 제기되면서 지역 쇠퇴의 많은 문제가 모두 '인구'가 원인인 것처럼 얘기된다. 그래서 인구만 증가하면 지역이 안고 있는 모든 문제가 해결될 것이라는 환상이 널리 퍼졌다. 그러나 인구감소는 결과이지 원인이 아니다. 왜 인구가 감소했는지부터 생각하지 않으면 문제는 해결되지 않는다.

어떤 지역에서 사람이 떠나는 원인은 그 지역에 적절한 급여를 주는 일자리가 없기 때문이다. 그래서 지역 활성화에서 추구해야 할 것 중 하나가 '소득향상'이다. 그런 관점이라면 인구감소가 오히려 긍정적 요인이 될 가능성도 있다. 예를 들어, 기존에는 지방 산업의 일자리가 소규모로 분산되어 비효율적으로 이뤄져 1인당 소득이 낮았다면, 인구가 감소한 지역은 집약화를 통해 생산성을 올릴 수도 있다. 청년을 혹사시키는 열악한 일자리 여건을 지방에서는 당연한 것으로 여겨왔다. 그래서 지방에 인력이 부족한데도 청년들이 그 지역을 떠나는 것이다. 인구가 감소되는 가운데 산업을 효율화시키고 1인당 소득을 향상시킬 수 있다면 활로는 충분하다.

이미 농업분야에서는 사례가 나오고 있다.

내가 지방에서 사업을 시작할 당시에는 협업이 꽤 활발했다. 협업 멤버들도 지역에서 회사를 경영하는 사람이 많아서 그들 회사의 총무·회계 담당자에게 외주를 주고, 그 위탁비 일부를 사원에게 보너스로 지급했다. 새롭게 설립한 회사는 업무가 그리 많지 않기 때문에 풀타임 직원을 낮은 임금으로 고용하기보다는 오히려 이미 지역에서 일하는 사람의 급여를 늘린 것이다.

사람에서 중요한 것은 양성이 아닌 '발굴'이다. 요즘은 어디에서나 '인력양성사업'을 한다. 그럼에도 지역에 책임자가 없다거나 창업 청년이 부족하다고 한탄하거나 과거에 지역을 책임져 본 적도 창업을 해본 적도 없는 대기업 종사자나 행정 관계자만 있을 뿐이다. 그래서 나는 '다른 사람에게 요구하기 전에 먼저 스스로 해 보라'고 제안하고 싶다. 어느 지역에나 두드러지게 새로운 활동을 하는 사람은 있기 마련이다. 지역에서 활약하는 인재가 없는 것이 아니라 '해 보지도 않고 한탄만 하는' 사람들의 주변에 인재가 없을 뿐이다.

나는 지역에서 처음 사업을 시도할 때 먼저 청년들에게 가장 인기 있는 음식점 사장을 만난다. 그 지역에서 감성이 높은 세대에 가장 적절히 대응하는 인물이 인재발굴 능력이 뛰어나다고 생각하기 때문이다. 그런 인물 주변에는 지역에서 활동하는 인재가 모여 있다. 모든 것은 거기에서 시작된다.

적절하게 인재를 활용하면 지역 과제가 해결되고 사람들도 모이게 된다. 인구감소가 오히려 지역의 생산성을 높이는 기회가 될 수도 있다.

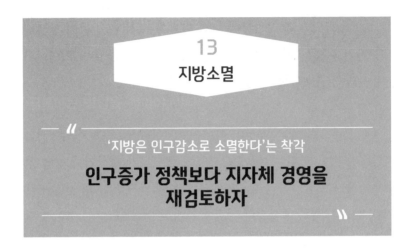

13

지방소멸

"
'지방은 인구감소로 소멸한다'는 착각

**인구증가 정책보다 지자체 경영을
재검토하자**
"

지방창생 정책은 전 총무대신인 마츠다 히로야가 대표로 있
던 일본창생회의에서 '지방소멸'을 주장하면서부터 시작됐다.
'인구감소'로 '지방 자체가 소멸한다'는 이 충격적인 메시지는
사회를 뒤흔들었다.

지방소멸이란 논의에는 3가지가 혼재돼 있다.

첫째 지방이라는 존재 자체의 쇠퇴, 둘째 지자체의 경영파탄,
셋째 국가 단위의 저출산이다. 이 3가지를 묶어서 도시의 출생
률이 낮기 때문에 출생률이 높은 지방으로 청년들을 보내면, 그
들이 자연스럽게 아이를 낳게 되고 결과적으로 지방도 부활하
고 일본도 부활한다는 시나리오가 기본 축이다.

그런데 문제는 그것이 그리 간단치 않다는 데 있다.

사라지는 것은 '지방 그 자체'가 아니다

　우선 '지방소멸'이란 표현부터 큰 문제가 있다. 지방소멸이라면 지방 그 자체가 사라진다는 충격적인 인상을 준다. 그러나 정확히 말하면, 지금 지자체들이 이런 식으로 경영을 계속한다면 인구감소로 인해 파산한다는 마츠다의 주장에 불과하다. 인구가 계속적으로 감소하면 그 지자체는 유지될 수 없을 것이고 결국 망한다는 것이다. 지방 자체의 소멸이 아닌, '지자체 파탄'을 인구통계에 의한 가설로 사회에 경고한 것이다. 그런데 이 지방소멸이란 단어가 마술이 되어 독자적으로 지방창생 논의의 발단이 되고 그 내용까지도 규정하고 있다.

　문제는 2가지다. 하나는 '지자체 소멸=지방 소멸'처럼 지자체와 지방을 동일시하는 문제다. 지자체는 어디까지나 어떤 지역의 행정 서비스 단위다. 이 서비스 단위는 사람들의 생활을 지원하기 위해 언제든 조정되고 재편될 수 있다. 사람들은 지자체의 생활 지원이라는 '기능'을 위해 세금을 납부한다. 지자체를 위해 사람들이 지방에 거주하는 것도 아니고, 지자체를 지원하기 위해 세금을 내는 것도 아니다.

　또 하나는 '지방은 소멸한다'는 위기감을 부채질해서 저출산과 지자체 경영 등의 문제를 모두 '인구문제'로 바꿔치기한 것이다. 합계특수출생률을 급격히 올리고 대도시에서 지방으로 사람들이 이동하면 지방문제가 해결된다고 말이다. 인구만을 축으로 하는 지방소멸론은 지방의 여러 가지 문제를 제쳐 두고 본질에서 눈을 돌리도록 호도하고 있다.

─────────────────────────── 〃 ──

지자체는 눈앞에 닥친 재정 파탄을 두려워해야 한다

지자체 파탄은 인구감소만의 요인이 결코 아니다. 그것보다 먼저 재정 파탄이란 문제를 직시할 필요가 있다. 재정이 계속 악화되는 지자체는 전국 각지에 존재한다. 유바리 시의 파탄 사례는 결코 드물지 않다. 앞으로도 많은 지자체들이 이런 상황에 직면할 것이다. 실제로 치바 현 홋쓰 시가 2014년 9월에 '재정파탄으로 인해 2018년이 되면 유바리 시처럼 재정재생단체로 전락할 것'이라 밝혀 충격을 주었다.* 이처럼 2050년까지 기다리지 않더라도 재정문제 때문에 지자체 자체가 소멸할 가능성은 충분히 존재한다.

파탄 나지 않는 사회를 실현하기 위해서는 지자체 경영에 대한 문제를 더 이상 회피하지 말고 정면으로 바라봐야 한다. 과거의 실패한 정책으로 생긴 막대한 지자체 채무를 어떻게 할 것인가.

---

* 재정파탄을 예상했던 2018년이 지났지만, 실제 재정파탄은 일어나지 않았다. 2014년 당시 61억 엔에 달하는 시청사 건설계획을 비롯한 무리한 시설 공사와 경직화된 재정구조 등이 원인이었으나, 2016년도 지방선거에서 재정 관련 정책을 제시한 시의원들이 당선됐고, 12년 동안 집권했던 시장이 물러나면서 새로운 시장의 경제정책개혁과 재정긴축 등을 통해 위기를 극복했다. 2013년도에 약 2억 엔에 불과했던 재정조정기금 잔액을 2019년에는 약 21억 엔까지 늘리고 지방채를 감소시킨 성과로 2020년 지방선거에서 현 시장(2016~22년)이 재임에 성공했다.

계속 감소하고 있는 제한된 세수로 복지를 비롯한 각종 지출증가에 어떻게 대응할 것인가. 지자체 재정문제가 인구감소 문제로 치환되면 많은 지자체가 직면한 재정문제 대응은 후순위로 미뤄질 것이란 우려도 있다. 뭐든 인구감소가 문제이고 인구감소가 개선되면 뭐든지 해결된다는 것은 착각이다. 유바리 시는 지자체가 파산하면서 오히려 인구감소가 가속화됐다.

국민을 이동시키기 전에 지자체 경영을 재검토해야 한다

지방소멸 처방전에는 지자체 경영혁신에 대한 언급은 전혀 없다. 인구가 줄어들면 공무원도 축소될 필요가 있지만 최소한의 서비스는 유지돼야 한다. 그러기 위해서는 여러 지자체가 사업조합을 조직해 연합으로 공공서비스를 제공하는 등의 새로운 방식이 요구된다. 기존의 분산적이고 비효율적인 방식은 재검토돼야 한다. 제2장에서 설명한 바와 같이, 유휴 공공시설, 도로, 공원 등에 대한 이용이나 활용을 촉진하고 새로운 공공수입의 창출도 적극적으로 검토할 필요가 있다.

지방소멸론은 지자체가 서비스 제공 방식을 바꾸지도 않고 현재의 지자체 단위를 유지한 채, 인구감소로 소멸할지도 모르니 위험하다고 주장하고 있다. 그래서 지금 이대로 소멸당하기 싫으면, "국민들이여, 대도시에서 지방으로 이동하라", "지방이여, 도시로부터 사람을 받아들여라"라고 협박하는 것이다. 이것은 단순히 아귀만 맞추려는 발상이며, 정치·행정편의주의적 시각에서 사회를 판단한 것이다.

저출산·고령화 문제는 20년 이상 지적되어 온 오래된 문제다. 내가 초등학교 시절 교과서에 실렸던 사회문제이기도 하다. 충분히 예측된 것이었다. 또한 앞으로도 인구는 어느 정도 예측이 가능하다. 그래서 지자체 경영 그 자체를 검토하는 것이 인구문제를 유연하게 대응하는 데 더 효과적일 수 있다.

유명 입시학원인 요요기제미날은 20년 전부터 저출산·고령화로 인한 학생수 감소를 예상해 사옥을 지을 때 호텔과 고령자 주거로 전용이 가능하도록 계획했다. 현재 다수의 학원 건물을 폐쇄하고 계획대로 리모델링 후 사용할 예정이다. 그런데 전국 지방 도시의 역 앞에는 최근 10년 이내에 폐업이 늘면서 거의 폐허가 돼 재개발이 시작된 공공시설이 넘쳐난다.

이 차이는 어디에서 오는 것일까? 지속가능성에 대한 경영 의식의 차이일 것이다. 지자체 경영의 실패 누적과 예측된 미래 변화에도 불구하고 과거의 방법을 돌아보지 않은 결과가 지금의 심각한 재정문제를 일으키는 것이다. 잘못된 점에 대한 반성은 없이 도시민을 이주시키고 이들을 지역민들이 받아들이기만 하면 모든 것이 해결되는 그런 일 따위는 결코 일어나지 않는다. 밑 빠진 독에 물 붓기와 같은 이치다. 설사 이주했다 해도 지자체의 파산 가능성은 여전히 존재하기에 이는 아주 무책임한 얘기다.

대도시의 저출산 문제를 직시해야 한다

 지방소멸 논의에서 놓치고 있는 문제는 또 있다. 그것은 대도시의 저출산 문제다. 지방의 매력을 높여 지방으로 이주하는 사람이 증가하는 것 자체는 좋은 일이다.

 그러나 대도시의 출생률 감소를 어떻게 개선할 것인가에 대한 논의는 이뤄지지 않고 있다. 국가 단위에서 저출산을 우려한다면 이미 인구의 반이 거주하는 대도시에서의 출생률 감소 원인을 해소하고 개선하는 것이 핵심이다. 예를 들어, 대도시의 저출산 원인이 도시화로 인한 생계비와 양육비 상승에 기인한다는 것은 이전부터 지적되어 왔다. 이것은 대도시에서 태어나는 아이와 지방에서 태어나는 아이의 '역차별'이다. 이 문제를 국가 차원에서 복지정책으로 받아들여 출생률 증가로 이어지게 하는 것이 중요하다. 대도시 출생률 저하에는 대응하지 못한 채, 대도시라는 환경 때문에 출생률이 개선되지 않는다고 지방으로 가라는 것은 너무 무책임하다.

 도시로 인구가 유입된다는 큰 흐름 속에서 저출산 대책을 세우는 것이 중요하다. 대도시라 해서 출생률 개선이 어려운 것은 아니다. 파리, 런던, 베를린 등 세계 대도시에서는 최근 10년 사이 출생률이 개선되고 있다. 인구밀도가 높은 지역일수록 출생률이 낮다는 OECD 회원국에서 나타난 지금까지 역 상관관계는 확실히 개선되고 있다.

도박 같은 한 방이 아닌,
망하지 않는 지자체 경영을 해야 한다

　만약 지방에서 대도시로의 인구이동이 멈추고 많은 젊은이들이 지방에서 아이를 낳는다 해도 이들이 국가 전체 노동력으로 성장하기까지는 시간이 필요하다. 그런데 심각한 재정문제를 안고 있는 지자체가 지금의 경영상태를 그때까지 유지한다는 보장은 없다. 지자체가 지금과 같은 경영을 계속한다는 전제하에, '지방으로 사람이 엄청나게 이주하거나 출생률이 폭발적으로 증가하지 않으면 지자체는 망하고 지방을 포기해야 한다'는 현재의 논의만큼 무책임한 것은 없다.

　다행스럽게도 일본 지자체는 파산한다는 규정이 존재하지 않는다. 유바라 시가 알기 쉬운 예다. 지자체 재정이 악화되면 일시적으로 중앙정부가 그 빚을 떠맡아 매년 예산을 투입해 계속 갚아야 한다. 결과적으로 주민 입장에서는 세금을 계속 납부해도 예산이 빚 갚는 데 쓰이게 되므로 공공서비스는 축소된다. 윗세대의 실패로 발생한 빚 갚기를 현재 세대뿐 아니라 미래세대까지 강요받는 것이다. 지자체의 파산에 대한 규정이 없다는 것은 이것을 의미한다. 세금을 낼 의무에서 벗어날 수 있는 자기 파산조차 허용되지 않는 상황에서 부모의 빚을 자식과 손자가 갚아야 한다. 그래서 사람들은 파산의 위험이 존재하는 지방을 떠나 수도권으로 향하는 것이다.

지자체 경영의 무서운 점이 여기에 있다.

　지방소멸론에서 정말 이해하기 어려운 부분은 지자체가 이 대로라면 파산한다는 경고도 중요하긴 하지만 더 큰 문제는 그 근거와 처방이다. 사실 지자체의 파산에 대한 지적 자체는 정확하다. 그러나 지금까지 얘기한 바와 같이 원인은 인구문제만이 아니다. 오히려 지방창생 정책에서 제안하는 처방전만으로는 인구문제가 해결될 수 없고, 정치·행정의 운영과 경영에 문제가 더 크다는 사실이다. 인구문제는 지방만의 문제가 아니라 대도시 출생률 문제도 직시해야 한다. 일본보다 인구가 적은 국가에서도 공공서비스를 잘 해내는 나라가 있다. 결코 불가능한 일이 아니다.

　지금 필요한 것은 과거의 인구증가 시대에 적용했던 지자체 경영방식과 각종 사회제도를 전면 재검토하는 것이다. 인구이동을 외치며 지방창생 교부금 창설이라는 한 방으로 역전을 노리는 도박 같은 비효율적인 '양'을 쫓는 정책이 아니라, 지자체 경영 구조를 사회 변화에 적용해 '파산에 몰리지 않는 지자체'를 형성하는 것이야말로 지자체만이 할 수 있는 중요한 역할이다.

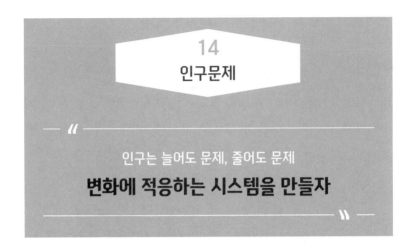

"
인구는 늘어도 문제, 줄어도 문제
변화에 적응하는 시스템을 만들자
"

인구문제는 현대사회만의 독특한 문제일까? 그렇지 않다. 인구론의 역사는 제2차 세계대전 이전으로 거슬러 올라간다. 일본의 인구정책은 인구감소와 인구증가 유도를 반복해 왔다.

인구 억제를 장려하던 시대

메이지 유신 이후 일본에서는 '급증하는 인구를 어떻게 먹여 살릴 것인가'가 과제였다. 괌, 하와이, 브라질, 미국 등으로의 집단이주는 과잉인구의 이주를 노린 정책 중 하나였다. 여기엔 일본보다 풍요로운 곳에서 성공할 수 있다는 시나리오가 동원

됐다. 만주 진출 등 아시아 침략 이유에도 '방대한 인구를 먹여 살려야 한다'는 배경이 있었다. 지금은 상상할 수 없는 얘기지만 이전에는 인구가 너무 많아 어떻게든 생계를 위해 해외로 진출해야 했다. 인구가 감소하면서 젊은이들을 지방으로 보내 지방의 출생률을 높여야 한다는 정책이 이렇게 진지하게 논의되는 것을 보면, 당시 이런 정책이 실현된 것도 이상하지 않다.

당시에 그런 이주정책을 펼쳤어도 식량공급 문제는 해결되지 못했다. 다이쇼 시대에는 '쌀소동'*이 발생하는 등 정책적 대응이 더욱 필요했기에 인구 억제책에 대한 논의가 활발히 이뤄졌다. 적절한 규모로 인구를 억제해 식량 공급을 원활히 하려 했다. 이러한 인구문제 논의를 비롯해 지방소멸론의 기본 데이터 등 각종 인구통계를 제공하는 국립사회보장·인구문제연구소가 1939년 설립되어 계획적인 인구 억제 정책에 대한 논의가 본격화됐다.

이에 대한 이론적 배경은 1798년 발표된 경제학자 토머스 맬서스의 '인구론'이었다. 인구가 급증하는 가운데 식량생산의 증가속도가 따라가지 못하면 사회가 빈곤에 시달리게 된다는 주장이다. 이 이론을 배경으로 실제 쌀소동을 겪으며 일본 정부는 인구가 지나치게 증가했다는 것을 전제로 저출산을 장려하게 됐다

그러나 인구 억제 정책은 오래가지 않았다. 일본이 전쟁에

---

* 1918년(다이쇼 7년)에 쌀값 폭등으로 전국에서 일어난 일본 근대 최대 민중봉기.

돌입한 후 전투력 확보가 필요했다. 인구정책은 '낳고 늘리자'로 논의가 전환됐다. 그리고 독일 나치스가 채용했던 우생(優生) 정책의 영향을 받아 국가주의적 사상을 상징하는 정책으로 인구론도 전환됐다. 이번에는 전쟁에 인구가 필요하니 인구를 늘려야 했다. 먹여 살리기 힘들어서 다른 나라로 진출시켰는데 이번에는 전쟁에 이기기 위해서 인구가 더 필요했던 것이다.

그러나 결과는 말할 필요도 없다. 일본은 패전했다.

전쟁 후, GHQ*도 추진한 '인구 억제책'

제2차 세계대전 후 GHQ 고문으로 일본 인구정책에 대한 견해를 피력한 인구학자 W. S. 톰슨(W. S. Thomson)은 당시 맹렬했던 인구증가에 위기감을 표명하고 산아제한을 주장했다. 적절한 피임 등을 통해 인구를 억제하지 않으면 전쟁 후 부흥은 불가능하다는 것이었다. 전쟁 후 식량난 속에서 타지에서 귀향한 사람들과 베이비붐으로 일본 전체가 과잉인구에 휩싸였다. 피임을 통한 산아제한에 민관 모두가 함께 노력한 결과 베이비붐은 수습됐다.

그럼에도 후생성은 '출생률 저하'야말로 필요한 정책이라 여

---

* 연합국 최고사령관 총사령부. General Headquarters의 약칭. 제2차 세계대전 종결과 함께 포츠담선언에 따라 일본에서 점령정책을 실시한 미국을 중심으로 한 연합군 기관.

기면서 1950년대에도 인구 억제 정책을 계속 추진했다. 1950년
대의 주요 정책적 의제는 '농촌의 과잉인구 문제'였다. 농촌의
과잉인구 문제는 둘째와 셋째에 해당되는 청년들이 도시로 이
동하는 것으로 해결됐다. 부족한 도시 노동력을 보완하는 것은
일본의 경제성장을 뒷받침하는 것으로 여겨졌다. 농촌도 살고
도시 문제도 해결하는 일석이조 효과였다.

지금의 지방소멸론과는 완전히 반대다. 지방의 과잉인구를 도
시로 옮겨놓음으로써 도시 문제와 지방 문제를 맞바꿔 일본 경
제성장에 기여한다는 논리다. 그러나 그 후 농촌은 과소화되
고, 도시는 급증한 과잉인구로 주택 부족을 비롯한 여러 가지
사회문제를 떠안게 됐다.

—————————————————————— ɴ —

늘어도 줄어도 사회문제가 되는 인구

이처럼 일찍이 일본에서는 인구폭발이 사회문제가 됐다. 즉,
인구는 늘어도 줄어도 문제가 된다. 실제 메이지 유신 이후 일
본 인구가 급격히 증가했을 때는 "1억 명을 넘으면 큰일이다.
인구폭발 문제를 어떻게든 해결해야 한다"고 떠들었다. 지금은
"1억 명이 무너지면 큰일이다. 인구감소를 어떻게든 막아야 한
다"고 난리법석이다(그림 3-1).

언제는 인구가 증가해서 일본이 망한다고 했다가, 이제는 감

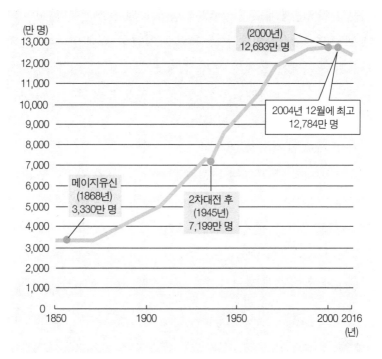

(만 명)
13,000 ────────────── (2000년) 12,693만 명
12,000
11,000
10,000 ────────────── 2004년 12월에 최고 12,784만 명
9,000
8,000
7,000
6,000 ── 메이지유신 (1868년) 3,330만 명
5,000 ── 2차대전 후 (1945년) 7,199만 명
4,000
3,000
2,000
1,000
0
1850   1900   1950   2000 2016
(년)

그림 3-1 메이지 유신부터 현재까지의 인구 추이

소하기 때문에 망한다고 한다. 인구론에 관한 논의가 지극히 임기응변식이다. 그리고 무엇보다 얄궂은 것은 인구문제가 지금까지도 인구정책으로 해결되지 못했다는 것이다. 식량문제의 관점에서 과거의 과잉인구론에서 보면, 일본은 8,000만 명 정도도 과잉이라며 6,000만 명 정도를 유지해야 한다고 했다. 그러나 농업생산성 개선과 함께 공업화로 성장한 경제력으로 해외에서 식량을 수입하게 되면서, 실제로 1억 2,000만이 넘는 인

구를 먹여살릴 수 있게 됐다. 인구증가를 경제와 산업의 발전으로 극복한 것이다.

인구감소 정책도 '닥치고 인구증가'가 아닌 경제·산업 정책을 가지고 새로운 재원을 창출해 극복하는 방법을 찾아야 한다. 오히려 먹여 살려야 하는 인구가 감소했으므로 경제력이 확보되고 향상된다면 지역은 보다 풍요로워질 수 있다. 그러기 위해서는 인구과잉 상황을 전제로 과거의 저생산성 사회에서 탈피해 인구 규모에 좌지우지되지 않는 생산력을 확보하는 것이 중요하다. 사람의 노동력을 로봇과 인공지능으로 대체해 가는 것도 필요하고 자산도 독점모델에서 공유화 모델로 전환하는 등 고생산성 사회로 이행하는 것도 필요하다.

인구론에 휩쓸리지 않고 감소하는 인구를 전제로 한 경제성장과 사회설계가 새롭게 필요하다.

15
관 광

" 성장을 저해하는 지연과 혈연의 '일률적 규칙'
관광객 수가 아닌 관광소비를 중시하자 "

인구론은 실제 태어나서 사망하는 사람을 가리키는 '정주인
구'만을 다루지 않는다. '교류인구'라는 또 하나의 인구 유형이
있다. 이것은 어느 지역에 관광을 목적으로 방문한 인구를 의
미한다. 지방 혹은 일본 어디에서든 '정주인구'를 갑자기 증가
시키기란 매우 어렵다. 그래서 '교류인구'를 늘려 지역 방문객
의 소비를 증가시킴으로써 지역 활성화를 도모하려는 것이다.

교류인구를 증가시키는 데 뜨거운 이슈는 '관광'이다. 지방
에서 관광산업은 성장 잠재력 있는 분야임에는 틀림없다. 2015
년 방일 외국인 관광객은 약 1,973만 명 정도인데 2016년에도
크게 증가했다. 세계적으로 국제 관광객 수는 11억 명을 넘어섰
다. '가능성 넘치는 시장'으로 충분히 공략할 만하다.

그러나 지방의 유명 관광지를 방문해 보면, 안타깝게도 성

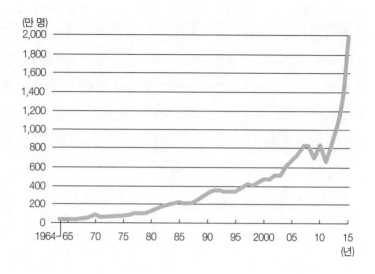

(만 명)

그림 3-2 방일 외국인 여행자 수의 추이

출처: 〈마이니치신문〉(2016년 1월 19일자).
http://mainichi.jp/articles/20160119/k00/00e/020/140000c

장가능성은 있지만 실제로 성장할 수 있을지에 대해서는 의문
스럽다.

알고는 있지만 그만둘 수 없는 과거 방식에 대한 집착

유명 관광지는 어디에나 독특한 상업 습관이 있다.

'역사적 유산을 보기 위해 1년에 한 번이라도 가고 싶다'는

수준의 관광지라면 굳이 노력하지 않아도 관광객은 매년 계속 방문한다. 특히 신사나 사찰 중에는 불상 공개와 불상 이전 등 사람들을 폭발적으로 불러들이는 이벤트가 있고 주변의 상권이 형성되는 등 관광 비즈니스가 이미 형성돼 있다. 이것은 관광시설이나 관광 서비스업의 힘만으로 사람들을 끌어당기는 것이 아니라 어디까지나 역사적으로 형성된 지역 브랜드의 힘에 의해 만들어진 보조적인 비즈니스다.

그러다 보니 호텔과 여관 등 숙박시설과 관련된 서비스는 여전히 뜨내기 손님을 대상으로 한 비즈니스 모델로 운영되는 곳이 적지 않다. 이런 곳은 얼마나 많은 관광객을 불러들일 수 있을지가 중요하다. 이를 위해 여행사에 중개비용을 지불하기도 한다. 이런저런 비용을 처리하고 나면 다른 것들을 위한 예산은 넉넉하지 않게 된다. 즉, 독자적인 시설과 서비스 품질만으로 단골손님을 확보하기가 꽤 어렵다는 것이다.

이런 상황은 숙박시설뿐 아니라 특산품 가게와 관광지 음식점도 크게 다르지 않다. 어디에서나 볼 수 있는 비슷한 상품을 내놓고 포장만 조금 다를 뿐 내용은 거의 유사한 것들을 판매한다. 게다가 관광지 음식점은 음식의 맛과 질에 비해 가격도 비싸다. 이런 상업 습관은 단체 관광이 주류였던 시기까지는 일정 정도 통했다.

그러나 1992년 버블경제 붕괴 이후 여행 패턴이 개인여행 중심으로 변화하면서 각자 개인들이 관광코스를 설계하기 시작했다. 더욱이 인터넷 예약이 늘고 기존의 뜨내기장사에 대한 평판이 알려지면서 능동적인 관광객은 점점 발길을 돌리게 됐다.

그러나 알면서도 장사는 접을 수 없고 그나마 뜨내기장사라도 계속하기 위해서는 단체객이라도 필요했다. 개인 손님은 점점 멀어지고 자력으로는 고객을 유치하지 못하는 상황에 이르게 된다. 자력으로 고객을 유치하지 못하니 점점 더 단체여행과 여행사를 통한 알선객에 의존하게 되는 등 뜨내기장사 방식의 악순환에서 벗어나기가 어려워진다.

성장을 저해하는 지연과 혈연에 의한 '일률적 규칙'

게다가 관광지에는 '일률적 규칙'을 중요시하는 관광협회, 여관협회 등 다양한 협회가 있다. 기념품 가게 영업시간이 오후 5시에 문을 닫는 것이라면 일률적으로 모두 그것을 지켜야 한다. 밤에는 손님이 거의 오지 않기 때문에 영업하지 않는다. 이것은 상점가에서도 종종 있는 패턴이다. 손님이 오지 않으니 문을 닫는다고 하지만 가게를 닫으니 손님이 올 리가 없다. 결국 손님이 줄어들기 때문에 영업시간이 점점 단축되는 악순환 구조가 형성된다.

애초에 '손님이 오기 때문에 가게를 연다'는 발상 자체가 이상하다. 얼마나 많은 손님을 오게 할 것인가라는 아이디어 모으기를 포기하는 것이다. 밤에도 열어서 야간에 손님을 오게 하려면 어떻게 해야 하는지 등 독창적인 영업 기획을 생각하지 않는다. 이것은 지방의 관광산업이 지연이나 가족 중심으로 운영하는 측면이 강하기 때문이다.

지연형 사업이므로 일률적으로 형성된 규칙을 따르지 않으면 지역에서 미움을 사게 돼 영업하기 어려워진다. '지역사회 시스템'을 무너뜨리면서까지 위험을 감당하기는 어려운 것이다. 가족형 사업이기에 일정 규모를 유지할 수 있으면 그것으로 충분하다. 굳이 무리해서 성과를 올릴 필요가 없다.

무엇보다도 유명한 관광지가 주변에 있으니 가만히 있어도 일정 정도의 손님이 온다. 유명한 관광지일수록 이런 경향은 강하다. 지역의 잠재 성장력을 끌어올리기 위해 투자하고, 다양한 영업방법을 시도하고, 서로 경쟁하면서 성장하기보다는 지역에 형성된 일률적인 규칙을 지키면서 가족끼리 그럭저럭 경영하는 것이 이곳에서는 익숙한 방식이다.

문화와 생활양식으로 소득을 올리는 지방의 새로운 관광

지방 관광산업에서 중요한 요소는 관광객 수가 아닌 관광소비단가와 관광소비총액이다.

항공이나 철도 회사는 많은 사람들이 이동하는 것만으로도 이익이 발생되지만, 지역은 관광객이 숙박하거나 먹고 마시지 않으면 이익이 발생되지 않는다. 그래서 관광소비가 무엇보다 중요하다. 지역에서 수동적인 자세로 과거의 상업 습관을 고수하거나 지연·혈연으로 연결된 사업방식만으로 운영한다면 다수의 관광객이 와도 관광산업은 성장하지 못한다. 성장을 위해 자신들의 사업방식을 적극적으로 개선해야 한다. 지금까지는 '10만 명이 각자 1,000엔을 소비하는 관광'이라면, 이제는 '1,000명이 각자 10만 엔을 소비하게끔 하는 관광'으로 전환해야 한다. 그것이 지역관광사업의 고생산성화를 실현하는 방법이다.

하나의 사례로 에치고 유자와*라는 곳의, 타지역의 스키 관광과는 차별을 둔 여관, 사토야마주조(里山十帖)를 소개한다. 이 여관은 〈자유인〉이란 잡지를 발간하는 출판사가 연 온천여관이다. 폐업 예정이었던 온천여관을 독창적으로 리뉴얼했는데, '설비가 최신식이 아니다', '목조라서 소리가 울린다.', '벌레가 많다', '기본적으로 어린이 손님은 받지 않는다' 등을 강조하며 기존 숙박시설의 상식을 깨는 경영방식으로 큰 인기를 끌고 있다. 평균 3만 5,000엔을 넘는 높은 단가에도 90%가 넘는 객실 가동상태가 계속되어 예약이 힘들 정도다. 규모 있는 숙박시설을 지방에 짓기는 어렵다. 그러나 소규모지만 단가가 높고 가동률이 좋은 숙박시설은 가능하다는 것을 보여준다.

지방에서는 의사결정을 기존 지역 활동가에게만 맡기지 않

---

* 눈이 많이 오는 니가타 현에 있는 지역으로 주변에 스키장이 많다.

는 '거버넌스 재구축'이 중요하다. 거버넌스 재구축 과정을 통해 새로운 자본과 인재 유입, 지역 내 다른 업종의 참여를 유도할 필요가 있다. 그렇게 하면 가능성을 가진 많은 지방의 자원들이 보다 더 실제적 가치를 발휘할 수 있다.

16
신 칸 센

> ‘꿈의 히든카드’라는 달콤한 환상
> ## 사람이 오는 ‘이유’를 만들고 교통망을 활용하자

‘지방은 불편하기 때문에 인구가 감소하고 쇠퇴한다. 그래서 지방을 편리하게 하면 사람이 모이고 기업도 도쿄에서 지방으로 올 것이다’라는 논리로 정비된 것 중 하나가 ‘신칸센’이다.

2015년 호쿠리쿠* 신칸센이, 2016년에는 홋카이도 신칸센이 개통됐다. 호쿠리쿠 신칸센은 비교적 순조롭게 운영됐지만 이로 인해 공항노선은 여행객을 많이 빼앗겨 곤경에 처했다. 서로 물어뜯기인 셈이다. 한편 홋카이도 신칸센은 개통 당일은 좋았지만 그 후 순식간에 침체되고 말았다. 처음부터 적자를 예상했지만 상황은 심각하다.

＊ 일본의 서북쪽 지역으로 후쿠이 현, 이시카와 현, 도야마 현, 니가타 현 등을 통틀어 일컫는다.

지금부터 신칸센이 정말 지역 활성화에 도움이 되는지 살펴보자.

신칸센은 지방창생의 '꿈의 히든카드'가 아니다

지역에서 활동하다 보면 그 지역이 안고 있는 모든 문제를 해소할 수 있는 '지역 활성화 기폭제'를 항상 기대하게 된다. 신칸센은 이런 '꿈의 히든카드'로 여겨져 왔다. 그러나 신칸센을 '개통하면 지역 활성화 완성', '개통으로 끝'이 아니다. 한때는 지방의 사회간접자본이 불충분했기에 신칸센 유치에 모두가 주목했다. 그래서 개통할 때까지가 매우 중요했다. 그렇다면 개통한 후에 과연 그 지역은 활성화됐을까?

답은 모두가 알고 있는 대로다.

일본은 약 반세기에 걸쳐 신칸센뿐 아니라 고속도로와 지방 공항을 포함해 많은 교통망을 정비해 왔다(그림 3-3). 그래서 이제는 만드는 것보다 오히려 활용하는 방법을 강구해야 한다.

신칸센 개통으로 지역 활성화에는 어떤 변화가 일어났을까. 우선 그것을 먼저 알아보자. 그리고 앞으로 어떤 대책을 마련해야 할지 과거의 교훈을 거울삼아 알아보자.

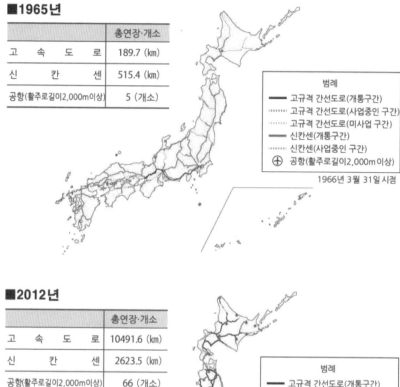

■1965년

	총연장·개소
고 속 도 로	189.7 (km)
신 칸 센	515.4 (km)
공항(활주로길이2,000m이상)	5 (개소)

범례
━━ 고규격 간선도로(개통구간)
‥‥‥ 고규격 간선도로(사업중인 구간)
‥‥‥ 고규격 간선도로(미사업 구간)
━━ 신칸센(개통구간)
‥‥‥ 신칸센(사업중인 구간)
⊕ 공항(활주로길이2,000m 이상)

1966년 3월 31일 시점

■2012년

	총연장·개소
고 속 도 로	10491.6 (km)
신 칸 센	2623.5 (km)
공항(활주로길이2,000m이상)	66 (개소)

범례
━━ 고규격 간선도로(개통구간)
‥‥‥ 고규격 간선도로(사업중인 구간)
‥‥‥ 고규격 간선도로(미사업 구간)
━━ 신칸센(개통구간)
‥‥‥ 신칸센(사업중인 구간)
⊕ 공항(활주로길이2,000m 이상)

2013년 3월 31일 시점

그림 3-3 교통 관련 사회자본 정비 추이

출처: 국토교통성 종합정책국 자료

교통망은 하나의 수단에 불과하다

2015년 3월 이시카와 현 가나자와까지 개통된 호쿠리쿠 신칸센은 '호쿠리쿠 지역의 활성화 기폭제'가 될 것으로 기대를 모았다. 이시카와 현의 신칸센 개통 영향 예측조사에 따르면 신칸센으로 인한 관광·비즈니스를 포함한 '경제효과'를 연간 약 121억 엔으로 예상했는데 당초 예상을 크게 웃도는 약 421억 엔에 달했다.

이시카와 현의 관광산업 규모가 약 2,600억 엔에 달하기에 앞으로 관광산업의 성장과 파급효과도 기대된다. 한편 이시카와 현의 현민 총생산은 4조 200억 엔이나 된다. 신칸센 개통 효과라 하지만 신칸센 효과만으로 이시카와 현 전체가 갑자기 재생되지는 않는다. 어디까지나 하나의 수단에 불과하다는 냉정한 시각이 필요하다.

신칸센이 개발된 지 반세기가 지났다. 일본 전국에 공항과 고속도로라는 고속이동 수단이 다양하게 정비되면서 반세기 전보다 신칸센의 우위성은 상대적으로 떨어졌다. 게다가 인터넷의 영향도 있어 일자리와 거주지 선택, 관광 행태, 상권구조 등은 점점 더 복잡·다양해지고 있다.

신칸센을 성과로 만드는 3가지 조건

이런 상황에서 우선 중요한 것은 무엇일까? 그것은 신칸센에 지나치게 의존하지 않는 것이다. 우리 지역은 무엇으로 먹고 살 것인가? 이를 위해 필요한 활동은 무엇인가? 그러한 기본적인 생각과 논의가 중요하다. 이런 것들을 실현하기 위해 교통수단을 활용하는 것이 중요하다. 지금까지 보면 신칸센 개통에 있어서 다음 3가지가 성공을 위한 필수조건이다.

필수조건 1 : 타지역과 차별화된 독자적인 영업을 하자

지방 신칸센으로는 도호쿠* 신칸센, 조에츠** 신칸센, 규슈 신칸센이 이미 개통됐다. 그럼 이 신칸센들은 지역을 재생시켜 왔을까. 일부는 재생시켰다고 할 수 있을지도 모른다. 그러나 1982년 개통된 조에츠 신칸센은 개통 전후 5년을 비교해 보면 니가타 현 인구증가율과 현민 총생산 증가율 모두 감소됐다. 최근에는 이 경향이 가속화되고 있다.

1997년 개통된 나가노 신칸센은 어떨까? 역시 개통 전후를 보자. 나가노 현의 인구는 1996년부터 2001년까지 약 3만 7,000명 증가했다. 그런데 사업장 약 5,100곳, 종업원 수 약 3만 명이

---

* 일본 동북지방. 범위가 법률상 명확히 정의되어 있지 않지만 일반적으로 북쪽에 있는 아오모리 현, 미야기현, 아키타현, 야마가타 현, 후쿠이 현의 6개 현을 일컫는다.
** 옛 행정구역명에서 유래된 지명으로, 니가타 현의 남서쪽 지역 일부를 지칭한다.

감소했다. 그 후 나가노 현도 2002년 이후 인구감소로 돌아섰고 그 감소폭은 오히려 전국 평균을 크게 웃돌고 있다.

전문가 중에는 신칸센역이 있는 시정촌의 단기적 통계에만 주목해 전형적인 초기 집객효과를 보고 '우려할 만한 빨대효과(인구가 도쿄 등 대도시로 빠져나가는)는 없다'고 주장한다. 그러나 장기적 또는 넓은 범위로 보면 확실히 지역 밖으로 도시기능이 빠져나가고 있다는 것을 나가노의 사례로 알 수 있다. 이것은 단순히 신칸센을 개통하는 것만으로는 안 된다는 것을 의미한다.

한편, '독자적인 활용법'을 선택한 지역은 성과가 발생하고 있다. 나가노 신칸센이 경유하는 가루이자와가 이에 해당한다. 가루이자와는 주택지로서의 매력이 있어 지금도 수요가 증가 추세에 있을 정도로 인기가 높다. 단순히 상업이나 관광만이 아닌 '생활을 위한 신칸센'이란 전략을 추구해, 인구증가와 현지 시장규모 확충이란 결과가 나타나고 있다.

또한 조에츠 신칸센이 경유하는 니가타 현 다이와초(현재의 미나미 우오누마 시)는 신칸센 개통과 함께 국제대학과 현립 국제정보고등학교를 유치해 단숨에 학술 중점지역으로 주목받았다. 영어교육에 대한 필요성이 최근 강조됐는데 국제대학에서는 이미 영어를 학내 공용어로 채택했고 교육도 국제적인 수준으로 평가받고 있다. 이에 따라 니가타의 우량기업이 본사를 이전해 오는 등 집적지가 되고 있다.

가루이자와와 미나미우오누마 시의 경우에서 보면 지역 특색을 살려 '어떻게 하면 대도시권과의 경쟁에서 우위를 차지할 수 있을까'라는 명확한 목표를 세우는 것이 중요하다. 즉, '그 장소(지역)에 가야만 하는 명확한 목적 만들기'가 성공의 열쇠다.

이에 비해 최악은 단순히 신칸센 유치만을 목적으로 하는 사례다. 이런 경우에는 어느 지역에서나 볼 수 있는 교부금 대상 사업인 '역전 광장정비'나 '구획정리'를 하고 보조금이 나오니까 관광객 유치 캠페인을 전개하는 등의 활동만 있을 뿐이다. 이런 '특색 없는 모범답안'을 고수하며 사업을 추진하면 그 지역은 변화·발전하지 못하고 틀림없이 쇠퇴하고 매몰되어 버릴 것이다.

필수조건 2 : 신칸센 개통으로 오히려 불편해지는 지역 내 교통을 새롭게 구축하자

신칸센이 개통되면 도시 간 이동은 눈에 띄게 편리해진다. 반면 지역 내의 대중교통은 훨씬 불편해진다는 냉혹한 현실이 있다. 이런 경우 신칸센과 병행하던 기존 노선은 제3섹터 방식으로 분리되어 종종 방치되기도 한다. 대개는 적자노선이기에 운임은 기존보다 1.2~1.5배 정도로 비싸다. 게다가 특급노선이 폐지되고 JR 관련 버스도 재편되는 등 신칸센 이외 지역에서의 대중교통은 점점 비싸지고 불편해진다. 때문에 신칸센역이 가까이 없는 주변 지역에서는 '신칸센+재래선'뿐 아니라 '신칸센+α'를 구축해 그 지역으로 사람들을 끌어들이는 방법을 강구해야 한다.

신칸센역에서 떨어져 있는 지역의 사례로 아오모리 현 하치노해 시 교외에 있는 '핫쇼쿠 센터'*를 소개한다. 핫쇼쿠 센터는 생선 도매시장으로 관광 거점화에 성공했다. 하치노해역에서 '핫쇼쿠 100엔 버스'를 운행하고 '신칸센+버스 노선'을 개발해 관광객을 유치하고 있다. 시내를 연결하는 '핫쇼쿠 200엔 이하' 버스도 운행해 역과 교외의 핫쇼큐 센터 그리고 시내를 연결하고 있다.

'거점 경영' 측면에서 중요한 것은 '현지 이용(도매와 소매)+관광 이용'의 조합을 어떻게 구성하는가다. 관광객은 항상 변동이 있다. 그래서 기초수입은 현지 손님으로 확보하고 신칸센역을 활용한 관광객 수입은 보너스로 설정해 경영의 안정성을 확보한다.

이렇게 그 지역의 방문 목적을 명확하게 하면서 불편해진 지역 내 교통망을 보완하는 수단을 독자적으로 준비하는 것이 신칸센역 거점뿐 아니라 주변 지역까지 효과를 파급하는 데 매우 중요하다.

필수조건 3 : 눈에 보이지 않는 자본의 빨대효과를 막을 수 있도록 현지 자본을 투자하자

다음에는 빨대효과에 대해서다. 앞서 설명한 바와 같이 신칸센 개통으로 지역 사무소 등이 폐쇄되고 사람도 대도시로 유출되는 등 소위 전형적인 빨대효과가 일부에서 나타났다. 이시카

---

* 아오모리 하치노해 시에 위치한 교외 식품시장이다. 초기 생선 소매업자 일부가 만든 협동조합인 '하치노해 종합식품센터'의 약칭에서 유래된 명칭이다.

와 현도 실제로 호쿠리쿠 신칸센에 의한 '빨대효과'로 인해 연간 27억 엔 적자가 산출되고 있다.

이 외에도 눈에 보이지 않는 '지역 간 빨대효과'도 있다. 그것은 대도시 자본이 지방으로 계속 진출해서 지방을 조금씩 잠식해 가는 구조에서 발생한다. 이해하기 쉬운 예는 신칸센 주요 역의 빌딩 개발이다. 주요 역의 빌딩 입주자를 보면 도쿄와 오사카 자본의 백화점과 대형 체인점이 대부분이다.

이것은 무엇을 의미할까? 대도시 자본의 지방 진출은 언뜻 보기에 그 지역의 편의성을 향상시키는 것처럼 보인다. 사람이 모이고, 사업장 수도 증가하고, 고용도 확대되어 환영받아야 할 것처럼 말이다. 그러나 대도시 자본의 지방 진출은 그 지역에서 창출된 이익이 결국 체인점을 통해 고스란히 대도시로 빨려 들어가게 된다.

그러면 그냥 손 놓고 보고 있을 수밖에 없을까? 그렇지 않다. 가고시마 추오역 앞에는 그 지역 사업자들에 의해 '가곳마('가고시마'라는 뜻의 방언) 고향 포장마차 거리'가 운영되고 있다. 젊은 경영자들을 중심으로 서로 격려하며 활기가 넘친다. 새로운 역 주변에 형성된 새로운 시장은 소규모라 할지라도 현지 사업자에게 기회를 주고 투자할 수 있는 장치를 만드는 것이 중요하다.

인프라 구축 전에 어떤 목적을 담을 것인지 생각하자

대도시 간의 고속 · 안정 · 대량 수송이 가능한 신칸센은 국가 단위에서의 생산성 개선에는 여러 측면에서 합리적이다. 그러나 지방에서는 명확한 목적을 갖고 독자적인 대책을 세우지 않으면 역효과가 발생한다.

새로운 산업과 거점을 만들어 지역의 미래비전과 방향을 설정하는 데 신칸센을 활용하는 것은 충분히 가능하다. 관광산업에서도 활용할 수 있지만 흔한 관광 이벤트와 투어만으로는 불충분하다. 앞서 설명한 바와 같이 독자적인 대상을 목표로 하는 영업, 신칸센과 재래선만이 아닌 독자적인 교통시스템 보완, 그리고 현지 자본의 투자가 성공의 '필수 3조건'이다.

중요한 것은 신칸센을 개통하는 것만이 아닌 사람이 신칸센에 타야 하는 '목적'을 만들어내는 것이다. 잘못하면 사람을 모으는 활성화 기폭제는커녕 오히려 역효과를 낼 수도 있다. 이는 신칸센뿐만 아니라 고속도로와 지방공항 등 여러 인프라에도 동일하게 적용된다.

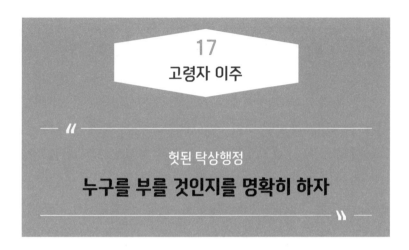

헛된 탁상행정
누구를 부를 것인지를 명확히 하자

지방창생 정책에서는 청년의 지방이주뿐 아니라 고령자도 지방으로 가라고 한다. 그 배경이 된 것은 2015년 6월 4일 지방소멸론을 주장한 일본창생회의가 정리한 새로운 제언에 있다.

한마디로 정리하면 "앞으로는 수도권의 고령화가 심각한 문제가 될 것이다. 이대로 가면 수도권에는 고령자가 증가해 의료, 복지가 붕괴한다. 그러니 고령자 여러분 지방으로 갑시다"라는 얘기다.

첫해의 선언이 '청년×지역 활성화'(저출산 대책)였다면, 다음 해에는 '고령자×지역 활성화'(고령화 대책)라는 제안이다.

사람은 공급 측의 논리에 따라 이동할까

사실 '고령화로 인해 수도권에 병상과 의사가 부족해진다'는 문제는 오랫동안 논의되어 온 사안으로 문제 자체는 분명 심각하다. 그러나 정책으로써 중요한 것은 현실성이다. 지금까지 도쿄뿐 아니라 지방의 정령지정도시*와 중핵시** 등에서의 인구는 모두 증가해 왔다. 주로 주변 지역의 인구가 유입됐다. 도시부에 인구가 집중하는 것은 다양한 장점이 있기 때문이다. 청년들에게 가장 큰 장점은 고용 기회다. 그렇다면 고령자가 도시부로 이동하는 것은 어떤 매력이 있어서일까? 아마도 의료복지 서비스가 충실하기 때문일 것이다.

어느 정도 재산이 있는 고령자는 "누구라도 상관없으니까, 어쨌든 서비스를 받고 싶다"가 아니라 "가능하면 높은 수준의 의료·복지서비스를 받고 싶다"는 요구가 기저에 깔려 있다. 그래서 도시에 거주하는 고령자도 많은 것이다.

이런 맥락에서 볼 때, "앞으로 도시에는 침상이 부족해질 테니 침상이 제법 비어 있는 지방으로 가주세요"라고 한다면 어떻게 될까? 이에 대해 "네, 그렇군요. 알겠습니다"라며 순순히

---

* 정령지정도시(政令指定都市) : 정령(政令: 일본 헌법 제73조제6호에 근거하여 내각이 제정하는 명령)으로 특별히 지정하는 인구 50만 이상의 도시. 2021년 현재 일본에 총 20개 시가 있으며 일본 전체 인구의 약 20%를 차지하고 있다.

** 중핵시(中核市) : 지방자치법 제252조22제1항으로 정하는 정령으로 특별한 지위가 인정된 인구 20만 이상의 도시. 2021년 현재 62개 시가 지정되어 있다.

지방으로 갈까?

청년들에게 "지방의 출생률을 높이기 위해 지방으로 가주세요"라고 제안하는 것과 마찬가지로 고령자에게 앞으로 의료복지 서비스를 받고 싶으면 지방으로 가라는 것은 너무 억지스럽다.

지자체 문제는 인구가 아니라 재정

그럼 중요한 지방 의료는 어떻게 되어 있을까? 지방에 가 보면 가끔 지역 규모와는 어울리지 않는 거대한 병원이 우뚝 서 있는 것을 볼 수 있다. 지방은 그런 거대 병원조차도 의사 부족을 겪고 있다. 그리고 지자체에서는 의료비 같은 사회보장 관련 재정은 부담이 크기 때문에 의사 확충은 어렵다고 한다. 지방에서 병원을 경영하기엔 여러 가지로 녹록지 않다.

2014년 '지방소멸' 관련 제안에서는 출생률 격차가 주요 키워드였다. 2015년 제안에서는 침상 수의 '지방 여유'와 '도시 부족'을 주요하게 다뤘다. 문제는 침상 여유가 있다는 것만으로 고령자를 지원할 수 있는 의료복지 수용 능력이 과연 지방에 있는가라는 것이다.

이런 문제에 관한 재정적 지원에 대해서도 함께 고려해야 하며, 지방에 고령자만 떠넘기면 곤란하다는 지자체의 의견은 당연하다. 누차 강조했듯이 지자체의 문제는 인구문제 이전에 재정문제다. 재정부담이 큰 의료복지를 필요한 사람들에게 지원할 만큼의 재원이 지방에 충분하지 않다는 것이 문제다.

지방 부담을 가중시키는 지방 정책

지방창생 정책에서 제안하는 요점은 지방에는 어느 정도 침상에 여유가 있다는 것으로, 그래서 고령자들이 그 잉여 침상을 활용하면 된다고 하지만 사실은 그것만이 아니다. 예를 들면, '인력 의존도'를 낮추기 위해 로봇 간병인도 제안됐다. 언뜻 보면 이것은 지방에서의 일손 부족을 해소할 수 있을 것처럼 보인다. 그러나 사실 이것은 실행 장소가 반드시 지방일 필요는 없다. 게다가 '주거환경 정비로 도시기능의 집약'이라는 도시정비 전반을 겨냥한 제안이라는 것에도 주의가 필요하다.

백 번 양보해서 단순히 의료·복지 시설이라면 지금의 시설들을 사용하면 된다. 그러나 도쿄권 등에서 많은 거주자가 지방으로 몰려들어 거주부터 생활 서비스 전반을 돌봐야 한다면 어떨까? 당연히 지방에서는 지금의 의료·복지 예산만으로는 감당하기 힘들어진다.

물론 빈집을 활용한다는 방법도 거론되고 있다. 그러나 도쿄권의 빈집 비율이 전국적으로 보면 상대적으로 낮지만, 전체 주택호수가 많다는 사실은 간과되어 있다. 즉, 비율은 낮아도 실제 빈집 수는 방대하다. 확실히 용지취득에서부터 개발까지라는 신규시설 정비는 지방이 저렴할지도 모른다. 그러나 빈집을 활용한다는 관점이라면 도심 주변부가 훨씬 우위성이 있다. 빈집 활용에 대해서는 좀 더 정밀한 조사와 분석이 필요하다.

지방으로의 이주 촉진을 위해 보조금 지급 등의 제안도 있다. 그러나 지금까지도 지자체가 이주와 정주 촉진을 위한 다양한 금전적 인센티브를 내놓았지만 그것만으로는 사람들의 이동 흐름을 바꾸기에는 역부족이었다. 뿐만 아니라 고용 연장으로 고령자의 지방이주가 감소하고 있다는 견해도 있다. 연금 등의 감소와 미래의 생활 불안을 고려할 때 '정년을 맞이해 안락한 시골생활'은 앞으로의 고령자에게 '그림의 떡'이라 할 수도 있다. 그렇다면 당연하게 도시에 있을 수 있을 때까지 살고, 도시에서 일할 수 있을 때까지 일하려 하지 않을까.

무리를 해서라도 사람을 지방으로 이동시키려면 그만큼의 인센티브와 관련 시설 정비까지 갖춰져야 한다는 것이다. 그런 준비도 없이 지방에 의료·복지 잉여 침상이 있다는 것만으로 지방으로 가라고 하는 것은 지나친 요구다.

인구이동만으로 해결되지 않는 수축사회의 문제

사회문제를 인구이동만으로 해결하려는 접근방식은 문제가 있다. 역시나 문제의 근간은 재정이다. 고령자가 증가함으로써 필요한 의료, 복지, 연금을 포함한 생활 전반의 수익, 그리고 그것을 지탱하는 부담 등 여러 가지를 검토해야 한다.

지방에 잉여 침상이 있어서 지방으로 가서 침상을 받았다 해도 의료복지 비용이 드는 것은 여전하다. 지방은 현재 수준을 어느 정도 유지할 수 있을까. 그리고 그 경우에 누가 어떻게 부담할 수 있을까. 이러한 근본적인 고민도 없이 전체 사회제도 설계를 재검토하지 않은 채 인구를 이동시키는 것만으로는 문제가 해결되지 않는다.

수도권에서 논의되어 온 것처럼 의료관계자 인재양성을 가속화하기 위해 수도권 의학부 증설 등이 포함된 시책을 진척시키거나 수도권의 단지 재건축 문제도 검토할 필요가 있다. 고령자가 되어서도 건강한 생활을 영위하는 데 필요한 정책을 마련하는 것은 매우 당연하다.

지방도 강제적으로 고령자가 오는 것보다는 고령자에게 선택받는 '독자적인 의료복지 서비스 모델'을 구축해야 한다. 지방의 어느 복지법인 경영자는 지자체가 예전에 정비했지만 사용하지 않고 방치된 온천시설 옆에 '특별 양호 노인홈'을 조성하고 온천시설을 개방해 지역주민과 공유하는 등 일체화된 경영으로 인기를 끄는 사례도 있다. 과거의 지역 자산을 활용해 매력적인 복지 서비스를 실현한 것이다. 식재료는 주변 농가와 계약을 통해 조달받고, 가능하면 지역에서 자금이 순환되는 방안을 실천하고 있다.

고령자의 생활 타입도 다양해졌다. 도시에서 일정 이상 소득이 있는 부부 중에는 당연히 노후도 각각의 별실을 희망하거나 경우에 따라서는 다른 층을 요구하기도 한다. 남편은 지방에서 농작업을 희망하고 아내는 도시에서 친구와 지내고 싶다는 부부도 있다. 그리고 어느 한 지역을 정해서 정착하기보다 여러 지역을 오가며 지내는 것을 희망하거나, 일 년에 몇 회 정도는 도시에서 제대로 된 의료 검진을 받고 싶다는 요구도 있다.

변화된 고령자 생활방식은 반영하지 않고, 옛날 노부부와 같은 이미지를 전제로 한 지역진흥 정책의 논리를 유지한 채, 지자체에 부담되지 않으면서도 생활이 가능한 고령자를 모은다는 것은 솔직히 현실적이지 않다.

'도쿄 vs 지방'이라는 구도로 모두를 몰아넣고, 행정시책의 실패를 국민에게 떠넘기고 '이동하라'고 지속적으로 요구하는 정책이 효과를 발휘할지는 정말 의문이다.

무엇보다도 '이주를 거의 강제로 하다시피하는 정책'으로 지방이 활성화될 것이라는 착각은 버려야 한다. 오히려 지자체가 일회성 예산으로 고령자 주거를 정비했는데 입주자를 모으지 못

해 고육지책으로 지자체 측에 부담이 커지는 고령자만 입주하
게 되지 않기를 바랄 뿐이다. 중요한 것은 보내지는 것이 아니라
적극적으로 선택받는 지방을 만드는 것이다.

그것이 고령자든 청년이든 말이다.

01
☐ 지역 문제는 '인구감소'가 원인이라 생각한다.
☐ 먼저 인구증가책을 우선시하고 있다.
☐ 지자체의 재무상황을 확인한 적이 없다.
☐ 마지막은 정부가 어떻게든 해 줄 거라 생각한다.
▶ 파산하지 않도록 '지자체 경영'을 제대로 파악하자.

02
☐ 인구감소는 문제지만 인구증가는 문제가 아니라 생각한다.
☐ 인구가 줄어들면 모든 산업이 끝이라 생각한다.
☐ 우선은 행정이 청년을 모으는 것이 중요하다고 생각한다.
☐ 효율화는 지역에 있어서 마이너스라고 생각한다.
▶ 인구감소를 전제로 한 활동을 생각하고 생산성을 높이자.

03
☐ 관광객을 많이 끌어 모으는 활성화 대책을 강구하고 있다.
☐ '뜨내기 손님' 상대의 장사가 가장 많이 번다고 생각한다.
☐ 이벤트를 많이 개최하는 활성화 사업을 진행하고 있다.
☐ 지역의 규칙을 깨서는 안 된다.
▶ 자유로운 발상으로 '관광소비'를 늘리는 활동으로 선회하자.

04
☐ 지역이 쇠퇴하는 것은 교통망이 정비돼 있지 않기 때문이다.
☐ 전국 각지의 신칸센역을 다녀본 적이 없다.
☐ 관광객이 증가하면 성공이라 생각한다.
☐ 지역의 경제규모를 인식하지 않고 경제효과만 보고 있다.
☐ 외부 유명 기업이 지역에 들어오는 것은 그 지역의 자랑이다.
▶ 사람이 오는 '이유'를 만들고, 지역자본을 위한 비즈니스를 만들자.

05
☐ 우선은 시설을 만들고 나서 사람을 모으려 한다.
☐ 보조금으로 정비하면 성공한다.
☐ 복지시설이 생기면 지역은 재생한다.
☐ 참고가 되는 해외 사례를 본 적이 없다.
▶ 적극적으로 선택받는 매력 있는 지역을 만들어내자.

제4장

돈의 흐름을 보는 법

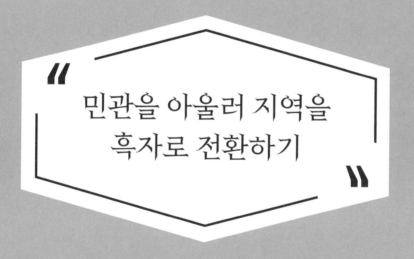

"
민관을 아울러 지역을
흑자로 전환하기
"

지역 활성화 분야에서 돈 이야기는 몹시 꺼려지는 주제다.

그런데 돈 얘기가 아니라고 하면서 세금이라는 돈을 사용한다. 그리고는 투자회수 등은 생각지도 않고 지역 활성화에 열을 올린다. 결국 하면 할수록 지역에 손해가 커지는 결과가 생겨난다.

내가 관여해 온 지역 활동 어디에도 풍족한 예산 따위는 확보되어 있지 않았다. 그래서 "돈이 없기 때문에 지혜가 나오고, 돈이 있으면 지혜가 막힌다"며 활동가들끼리 내놓은 적은 금액과 지혜로 극복해 왔다.

지금도 각지에서 설립되는 회사는 자기들이 가진 돈을 투자해 제대로 된 흑자경영으로 자금을 조금씩 늘려간다. 그리고 일정한 규모를 뛰어넘은 단계에서 융자 등의 금융을 활용해 도시에 변화를 만들어 낸다. 지역을 지속적으로 개선하기 위해서는 자금이 계속해서 순환되는 구조라야 한다. 손에 들어온 자금을 항상 다 써 버려서는 안 된다. 지역이 스스로 돈을 벌려고 하는 것이야말로 진정한 지역 활성화다.

돈의 흐름이 보이면 지역 활성화의 다양한 활동에 대한 견해가 바뀐다. 예를 들면 일본에서는 쇠퇴하는 도시 중심부를 재생한다 해도 '부동산 가치 향상'을 목표로 하는 사람은 거의 없다. 그러나 도시를 부동산의 집합체라 생각하면 재생이란 부동산 가치의 향상인 것을 알 수 있다. 2003년 미국에 처음으로 도시재생 활동을 체험하러 갔을 때 들은 것은 "마을만들기란 자산관리(부동산경영)다"라는 말이었다.

지역에 '살고 싶은 사람'과 '가게를 내고 싶은 사람'이 많아질 때 한쪽에서 공급을 억제하면 부동산 가치는 상승한다. 그리고 가치가 오르면 부동산 소유자는 이득을 본다. 그러면 도시 중심부를 재생시키는 자금을 부동산 소유자들로부터 출자를 받는 것이 가능해진다. 그렇기 때문에 지방도시에서는 부동산 소유자와 함께 사업하는 것도 권하고 싶다.

도시 중심부라면 작은 빌딩 등을 경영하는 오너와 함께 회사를 차리고, 온천 거리라면 여관·호텔의 오너와 함께 활동하는 것이다. 행정과 접촉하는 것보다 부동산 오너와 얘기하는 편이 때로는 더 중요하다. 이것은 도시 중심부에만 해당되는 것은 아니다. 농업지역이라면 농지, 임업지역이라면 산림, 어업지역이라면 어업권 등을 가진 사람들과 함께해야 한다는 것이다.

지역 활성화를 위해 지역에서 돈의 흐름을 적절하게 읽어내는, 돈에 강한 인재에 의한 마을만들기가 절실히 필요하다.

쇠퇴의 무한 순환고리를 낳는 부조리의 근원

벌어서 다시 투자하는 선순환을 만들자

지역 활성화의 다양한 분야에서 많은 세금이 보조금으로 이용된다. 보조금이란 지역에서 어떤 활동을 할 때 모자란 자금을 세금으로 지원하는 것이다. 예산 부족 문제가 해소되면 멈췄던 활동이 실행되고 지역에 다시 활력이 생긴다는 가정에 근거한 제도다. 예를 들면 활동에 100만 엔의 예산이 필요한데 지역에서는 50만 엔밖에 마련할 수 없을 때, 전체 예산의 2분의 1을 지원하는 보조금 제도를 활용해 나머지 50만 엔을 행정이 세금으로 지원하는 것이다. 즉, 50만 엔으로 100만 엔의 활동을 할 수 있도록 하는 것이 보조금 사업이다.

상점가로 말하면 아케이드에도 보조금이 들어가 있고, 조금 멋있는 가로등에도, 컬러나 벽돌조로 포장된 도로에도, 대부분의 이벤트에도, 빈 점포에 갑자기 들어선 묘하게 예쁜 가게에도 보조금이 들어가 있다. 상점가뿐만 아니라 농업에도, 임업에도, 수산업에도, 지방에서 눈에 띄는 많은 것들에 지역 활성화를 위한 보조금이 들어가 있다. 그러나 보조금이 도처에 들어가는데도 두드러진 성과는커녕 실패를 계속하면서 결과적으로 지방은 계속 쇠퇴하고 있다. 부족한 예산을 세금에서 지원받고 있는데 도대체 왜 지방은 활성화되지 않을까?

여기에서는 그 문제에 대해서 다루고자 한다.

몇 조 엔의 보조금이 들어가도 지방은 왜 활성화되지 않을까

공짜로 돈을 받으면 활성화될 것 같지만 지방창생에 필요한 것은 '돈 자체'가 아니다. 돈을 계속적으로 만들어내는 '엔진'이다. 지방창생 정책을 추진하기 이전부터 지방에는 막대한 예산이 다양한 명목으로 뿌려졌다. 비록 성과는 전혀 나오지 않았지만 말이다.

몇 조 엔이나 되는 자금이 지역 활성화 목적으로 뿌려졌는데도 지방은 왜 활성화되지 않을까? 그 이유는 생각보다 단순하다. '세금을 사용한다=이익을 낼 수 없는 사업뿐'이기 때문이다. 지역 활성화를 단순히 '소득 재분배'로는 달성할 수 없다. 도쿄보다 지방 쪽이 손해가 더 많으니 그 몫을 재분배하자고 보조금을 나눠준들 그것으로는 지방이 활성화되지 않는다. 왜냐하면 나눠주자마자 그 사업에 필요한 각종 경비로 사라져 버리고 어느새 사업은 끝나기 때문이다. '원사이클(1회전)'밖에 돈이 돌지 않는 것이다.

그 경비의 일부가 인건비로 지역 사람들에게 나눠지면 그나마 낫겠지만 지역 밖으로 외주를 주면 들어왔던 예산은 다시 타지역으로 빠져나간다. 가장 큰 문제는 한 번 쓰면 그것으로 끝이라는 점이다. 두 번 다시 같은 효과를 만들어낼 수 없다. 예를 들면 상점가에서 정부 예산으로 대기업 광고대리점 등에 외주를 줘서 대규모 이벤트를 개최하면 그것으로 끝이다. 게다가 이익은 도쿄로 빠져나간다.

공공시설 개발에서도 대규모 건설 사업은 대기업 건설사가 낙찰받고, 하청 정도는 현지 기업에 분배되지만 지역 내 경제로 보면 얼마 안 되는 돈이 한 번 돌고 끝인 것이다. 지역 활성화 사업에서 예산 사용이 '사막에 물 뿌리기'라든가 '에너지 드링크'로 비유되는 것은 이런 이유 때문이다.

결론적으로 문제는 '한 번의 순환으로 끝나버리는 구조 바로 그것'에 있다.

'이익 창출'에 관심 없는 '예산형 활성화 사업'

지방에 필요한 것은 일회성으로 끝나지 않고 한 번 자금을 투입하면 그것을 바탕으로 지역 내 경제를 끌어들여 계속적으로 회전할 수 있는 엔진이다. 투자한 돈을 토대로 이익이 발생하고 그것을 디딤돌 삼아 다시 투자가 일어나게끔 해야 한다. 또한 사람이 고용돼 지역에서 그들의 소비를 통해 선순환이 만들어져야 한다. 계속되는 사업이 있으면 창업에 투자한 자금도 일회성 금액으로만 끝나지 않고, 매년 고용을 창출하고, 이익을 낳고, 나아가 지역 내에서 재투자가 가능해진다. 그렇게 하는 동안 엔진이 더욱 강화되면 지역 내 경제뿐만 아니라 지역 외까지 확대되고 발전해 갈 가능성이 있다. 그리고 이것이 지역 전체 발전으로 이어진다.

그럼 지역 쇠퇴란 무엇일까?

그것은 경제문제에서 시작된다. '괜찮은 일자리가 없다 → 괜찮은 일자리가 없기 때문에 사람이 떠난다 → 사람이 없기 때문에 괜찮은 일자리가 점점 사라진다'는 악순환이 반복되는 것이다. 어떻게든 이런 고리를 끊어내야 한다. 그러기 위해서는 이익을 창출하는 사업을 지역 활성화 분야에서도 제대로 파악해야 한다.

이익을 내다≠속물적이다

　지역 활성화 분야에서 이익을 낸다고 하면 사업을 이용했다고 나쁘게 생각하는 사람들이 있는데, 그것은 큰 착각이다. 애초에 이익이 생기지 않는다는 것은 비용을 지불하고 싶을 만큼의 내용이 아니라는 것이다. 공갈과 사기가 아닌 정직한 사업으로 이익을 내기 위해서는 매력적이고 효율적이어야 한다. 이익이 발생하지 않을 것 같은 사업만 계속하면 시간이 지나도 지역 경제에는 도움이 되지 않는다. 아무리 자금을 투입해도 줄어들기만 할 뿐 이익이 남지 않고, 순환도 되지 않으며, 부족해지면 또 투입할 수밖에 없는 구조가 만들어지면서 활성화와는 점점 더 멀어지게 된다.

　지역 활성화가 '공공성이 있다 → 보조금을 지원한다 → 이익을 내서는 안 된다'는 전제로 접근하면 한계가 있고 활성화는 어려워진다. 행정이 개입되면 공공뿐만 아니라 민간조차도 '원래 이익은 생기지 않는다, 생겨서는 안 된다'는 고정관념에 빠지게 된다. 실제로 어느 지자체 연수에서 "돈벌이를 생각하는 속물적인 민간이 싫어서 행정에 들어왔다"라는 말을 들은 적도 있다.

　민간에서는 '지역 활성화를 이익이 생기지 않는 행정 업무'라고 말한다. 세금을 사용한 활성화 사업에서 성과가 없는 것은 이익을 내서는 안 되고 낼 수도 없다는 사업비의 특성과 자포자기가 서로 얽혀 있기 때문이다.

정말로 활성화를 목표로 한다면 때로는 '이익을 낼 수 없을 것 같은 활성화 사업은 그만둔다'는 대담한 의사결정도 필요하다. 아무리 사람이 모이고 미디어에서 다뤄진다 한들 지역에서 자금을 순환시키는 엔진을 만들어내는 것, 즉 확실히 이익을 창출하는 것이 아니면 지역의 지속적인 활성화는 불가능하다.

민간이 주체가 되어 이익 창출 구조를 만드는 것이 해법

그러나 여기에는 모순이 있다.

'일반적으로 이익이 발생하면 지역의 민간이나 은행에서 자금을 조달해서 활용할 수 있지 않을까?', '세금을 사용하면서까지 활성화 사업을 하지 않아도 된다'는 의견을 제기할 수 있다.

바로, 그것이다.

지역 활성화라는 명목으로 자금이 유입되어 일회성 시스템 안에서 먹고 사는 사람들에게는 '세금으로 지역 활성화'는 필수불가결한 것이다. 그러나 지역 전체로 그 효과가 전혀 파급되지 않는다는 데에 문제가 있다. 성과를 내는 사업은 보조금에 의존하지 않는다기보다 보조금에 의존한 단계에서 이미 '쇠퇴의 무한 순환고리'에 빠지는 것이다. 지방창생에 필요한 것은 자금조달이 가능한 사업발굴이며 민간은 시장과 경쟁하고 이익 창출을 위해 노력하는 것이다. 민간이 나서서 사업을 추진하지 않으면 성과는 발생하지 않는다.

원래 행정은 이익을 내는 업무를 한 적이 없고 그런 목적을 위한 조직도 아니다. 행정은 정치와 마찬가지로 분배의 내용과 규칙을 정할 수는 있어도 돈을 버는 집단은 아니다. 즉, 민간이 나서는 것 외에 지역이 활력을 되찾을 방법은 없다. 다시 말하면 민간에서 "그런 손해 보는 일을 굳이 할 수 없다", "역시 리스크는 행정이 떠안아야 한다"며 지역에서 사업발굴을 포기하면 재생은 실현되지 못한다.

지역 활성화를 정치·행정의 영역이라 생각해서는 안 된다. 그런 생각이야말로 지역 쇠퇴의 악순환에 사로잡혀 '쇠퇴의 무한 순환고리'에서 벗어날 수 없게 된다. 부족한 자금을 보조받는 것이 아닌 눈앞에 있는 자원으로 사업에 집중해 이익을 내고 다음 사업에 다시 투자하는 사이클을 만드는 것이 지역 활성화의 기본이다. 지금까지 보조금 사업으로 이런 구조를 정착시키지 못했기 때문에 아무리 많은 자금을 지원받아도 그 지역은 본질적으로 활성화되지 못하는 것이다.

"

아무렇지 않게 비현실적인 계획을 세우는 이유
냉혹하기만 한 현실을 철저하게 받아들이자

"

보조금이란 지원제도뿐 아니라 지방이 제한된 돈을 헛되이 써 버리는 원흉으로 '보여주기식 계획'이 있다. 형식뿐인 '보여주기식 계획'을 세우는 것이 얼마나 지방에 손실을 입히는지에 대해 알아보자.

지자체가 비현실적인 계획을 세우는 이유

지방창생 정책은 2014년 말, 마을·사람·일자리 창생 종합 전략이 내각회의에서 결정된 후 5개년 목표와 시책, 기본적인 방향을 담아 제시됐다. 그에 따라 각 지자체에서도 종합전략을 발표했는데 뛰어난 독창성이나 구체적인 실효성이 보이지 않는다. 다른 지역에서 베낀 듯하거나 현실성 없는 계획들도 꽤 있다. 안타깝게도 그런 종합 전략과 계획들은 지자체를 피폐시킬 뿐이다.

예를 들면 지방창생 정책의 제1탄 종합전략으로 발표된 교토부의 교탄고 시 전략은 놀라움 그 자체다. 인구가 향후 V자 형태로 회복되는 시나리오를 짰기 때문이다. 지방창생은 원래 지방의 인구문제를 발단으로 시작됐다. 그래서 각 지자체에서 작성한 전략이 인구감소를 전제로 하면 정부로부터 지탄받을 우려가 있기 때문에 비현실적인 인구증가를 목표로 삼았을 것이다. 교탄고 시의 인구는 약 5만 9,000명이다. 국립사회보장·인구문제연구소에서 2060년에는 2만 6,000명 정도까지 감소할 것으로 예측했다. 그런데 갑자기 7만 5,000명으로 증가하는 계획을 세웠다. 비현실을 넘어서 황당하다고밖에 볼 수 없다.

이런 현실과 기대가 담긴 전국의 종합전략을 모으면 일본 인구는 계획상 2억 명을 돌파한다는 웃지 못할 수치가 나온다. 이것은 어제오늘의 일이 아니다. 이런 야심찬 목표를 설정하고 무모한 개발을 추진한 결과, 계획은 실패로 끝나고 지자체에는 부채만 남았다.

이 책에서도 이미 지적한 바와 같이 지역 활성화 사업이 하면 할수록 부채가 늘어나고 쇠퇴가 가속화되는 것은 이런 이유 때문이다. 그럼 왜 이런 상황이 되풀이될까? 지역 활성화 사업의 실패에는 '꼬리표 달린 예산' 등이 문제시돼 왔다. 사업 실행을 위해 지원받은 돈을 자유롭게 사용할 수 없어서 사업 진행이 원활치 않다는 비판이다. 그러나 사실 문제는 돈과 꼬리표가 아니다. 문제는 기존의 '계획 행정'이 통용되지 않음에도 불구하고 여전히 기존의 방식대로 추진되고 있다는 점이다. 그래서 문제가 더 심각하다.

열쇠를 쥐고 있는 것은 공급이 아닌 수요

성장 시대였다면 계획을 세우기도 쉽고 계획대로 진행되지 않아도 확대되는 경제와 재정 덕택에 사후에 문제가 해결된다. 팽창사회에서는 얼마나 신속·정확·성실하게 공급할 것인가가 계획의 기본이었다. 수요는 당연히 증가하기 때문에 고려할 필요가 거의 없었다. 공공이 주도해 기본계획을 세우고 절차에 따라 난개발을 제한하면서 도시를 정비하면 민간은 빌딩을 세우거나 가게를 열거나 공장을 건설하면 된다. 한마디로 공급에 수요가 따르는 시대였다.

그러나 수축사회에서는 이것이 역전된다. 수요가 줄어들기 때문에 단순히 절차에 따라 성실히 공급한다 해도 수요-공급이 일치하지 않는다. 문제는 초기 계획이 실패하면 나중에 수요가 점점 줄어들어 재생이 거의 불가능해진다는 점이다. 그렇기에 지금까지와는 다르게 처음부터 수요를 결정해 그에 따라 사업규모를 최적화하는 프로세스가 계획의 기본이 된다. 이러한 '수급 역전'은 지방의 사회구조 자체를 크게 바꾸고 있다. 그래서 이런 변화에 근거해 계획 방향을 검토할 필요가 있다.

계획주의가 안고 있는 3가지 한계

장래가 불투명한 수축사회 시대에 계획을 세워 모두가 합의하고 성과를 내기 위해서는 3가지 한계를 극복해야 한다.

한계 1 : 계획 단계야말로 가장 정보량이 적다

사업 초기에 예견할 수 있는 정보에는 한계가 있다. 어떤 일이든 프로세스가 진행될수록 정보량도 함께 늘어나서 보다 정확한 의사결정을 할 수 있다.

다시 말하면 계획 단계에서의 정보량이 가장 적다는 것이다. 그래서 시작 단계에서의 정보로는 '정확한 계획을 세울 수 없다'는 가정을 받아들이는 것이 중요하다. 따라서 일을 진행하는 과정에서 얻어진 정보를 토대로 집행 규모와 내용을 그에 따라 수정해 갈 수 있어야 한다. 그러므로 초기 단계에 '조정과 수정'을 위한 시기와 기준을 미리 정해 둬야 한다. 경우에 따라서는 주저 없이 사업을 포기할 수도 있다는 방침도 마련해 둘 필요도 있다.

일관성이란 미명하에 조정이 필요함에도 수정 없이 진행하는 것은 무의미하다. 목표치뿐만 아니라 수년간의 사업과정에서 시기별로 달성되지 못한 경우에 수정이나 중지 또는 포기 요건을 마련해 두는 것은 매우 중요하다.

한계 2 : 예산확보가 목적이므로 계획은 '보여주기식'이 된다

예산을 확보하기 위해 계획을 세우다 보면 예산확보 자체가 목적이 되어 보여주기식 계획을 세우게 된다. 이것은 어디까지나 예산을 따기 위한 표면상의 방침이라는 변명거리가 된다. 그러나 조직적으로 결정된 계획은 몇 년 동안은 조직에 얽매이게 된다. 계획을 근거로 억지로라도 보조금이나 교부금을 확보해 사업을 해야 한다. 그 결과는 말할 필요도 없이 실패하고 지역에는 큰 문제가 남겨진다.

보여주기식 사업을 막기 위해서는 각 사업의 책임을 명확히 하고 그 책임 범위에서 실행해야 한다. "이건 어쩔 수 없이 하는 사업이야"라는 것은 자신이 책임질 의향이 없기 때문이다.

계획에 근거해 집행되는 사업의 책임 소재가 누구에게 있는지를 명확히 하고 그에 해당되는 사람·조직이 성공했을 때와 실패했을 때의 조치를 사업 초기에 명확하게 규정해 둘 필요가 있다.

한계 3 : 합의를 우선시하면 미래는 뒷전이 된다

계획을 세우고 결정할 때 "지역 주민들이 합의해야 한다"는 이야기를 자주 한다. 팽창사회라면 무엇이든 할 수 있는 것들만 논의하면 되지만 수축사회에서는 우선순위를 정해 실행할 필요가 있다. 문제는 이런 우선순위를 정해 합의를 이끌어내는 것이 무척 어렵다는 데 있다. 지역 주민들은 '총론은 찬성인데, 각론은 반대'하는 경우가 종종 있기 때문이다. 합의가 우선시되다 보니 오히려 이것이 원인이 되어 '애매모호'한 계획에 합의하게 된다.

어떻게 해야 할까?

이런 문제를 극복하는 방안 중 하나는 총론은 모두의 합의로 결정하고, 각론은 책임자에게 일임해 취사 선택하게 하는 것이다. 대의제 민주주의나 주식회사 이사회와 같은 방식이다.

하나의 예를 보자. 최근 빈집 등을 활용해 점포나 게스트하우스 등으로 바꾸는 리모델링 활동이 전국 각지에서 실행되고 있다. 인구감소시대에 대단히 의미 있는 지방창생 활동이다. 이런 활동이 실패하는 사례를 보면 기존에 하던 방식 그대로 할 경우다. 많은 사람들이 참여한 협의회에서 '훌륭한 계획'을 세우고 그것을 토대로 지자체가 보조금을 지원해 리모델링 공사를 하는 기존 방식대로 추진하는 곳들이 실패하고 있다.

성공하는 케이스는 조금 다르다. 성공한 경우를 보면 먼저 영업 활동을 하고 그 영업 실적에 따라 수요계획을 수정해 간다. 그래서 가장 먼저 입주한 사람과 계약을 진행하고 그들이 지불 가능한 임대료를 기본으로 투자금을 충분히 회수할 수 있는 범위 내에서 리모델링 투자 규모를 결정한다. 자금도 민간의 투자와 융자를 토대로 제대로 수익을 낼 수 있는 시스템이 작동되도록 한다.

기타큐슈 시 고쿠라 지역에서 전개되는 활동은 좋은 사례다. 기타큐슈 시를 중심으로 '고쿠라 지킴이 구상'을 산·학·관이 협력해 하나의 프로젝트로 진행하고 있다. 개별 프로그램에는 각각의 책임하에 민간 주도로 여러 부동산 소유자와 건축가 등이 참여하고 있다.

기타큐슈 시는 산업 공동화로 인한 인구감소가 심각한 대도시 중 하나다. 이 활동으로 3년 동안 10채 이상의 건물이 재생됐고, 300명 이상의 취업·고용이 생기고 중심부의 통행량도 증가하고 있다. 처음에는 이전 방식대로 '중심시가지 활성화 사업'인 정부 방침으로 추진했지만 성과가 나오지 않았다. 그것을 현재의 수축사회형 계획과 실행 방법으로 전환했고, 그 이후 성과가 단숨에 나오고 있다.

과거에 얽매인 방식이 문제의 근본이다

문제는 예산이 없다든가 외부환경의 악화 등이 아닌 과거에 얽매인 구태의연한 방식이다. 수축사회의 대응은 아무리 어려운 환경에서도 반드시 '상황에 적합한 해답'이 있다는 전제에서 출발한다. 비현실적인 계획을 세우면 실패했을 때 그 부채를 갚아야 하는 것은 다음 세대인 청년들과 아이들이다.

　지역 활성화와 관련된 계획에서 중요한 것은 '혈기왕성한 현재 어른들'의 소원이 아니다. 최악의 상황에서도 대응할 수 있는 '미래를 향한 리얼리즘'이 아닐까? 무엇보다 중요한 것은 무모한 계획을 세우고 거기에 얽매여 '아닌 걸 알면서도' 그런 계획에 돈을 쏟아붓는 것을 멈추는 것이다. 보여주기식 계획에 얽매이는 것에서 벗어나 작더라도 차근차근 성과를 쌓아가도록 전환해야 한다.

— " —
다음 해는 반으로 감소할 위험을 안고 있는 매력적인 독버섯
**세금으로 싸게 팔지 말고
시장에서 제값에 판매하자**
"

'지방활성화×돈'이란 주제와 더불어 빠지지 않는 주제가
'고향납세'다. 원래 고향납세는 지방에서 나고 자란 사람이나
도시에 사는 사람이 지방에 납세함으로써 지방을 지원하는 세
금 우대책이다. '세금우대도 받고 지방의 특산물도 받을 수 있어
서 이득'이라 인기가 높아졌다. 예를 들면 5개 지자체에 1만 엔
씩 총 5만 엔을 납세하면, 2,000엔이 넘는 4만 8,000엔이 주민
세·소득세로 공제되고 5개 지역에서 답례품을 받을 수 있으니
개인에게는 상당히 유익하다. 2015년도 고향납세는 약 1,653억
엔으로 전년도에 비해 약 4.3배 증가했다(그림 4-1).

그러나 지자체가 고향납세 획득을 위해 고액의 답례품 경쟁
이 가열되면서 세제라는 본질에서 멀어지는 문제가 발생해, 총
무성이 이런 상황에 대해 경고를 하기에 이르렀다. 고향납세에

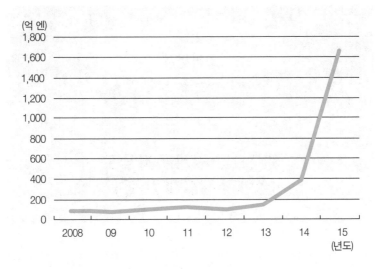

그림 4-1 **고향납세액**

출처: 국세청자료를 토대로 저자 작성

대한 개선 없이 이대로 가면 지역 활성화는 커녕 산업도 재정도
모두 적자가 될 위험성이 있다.

─── 〉〉 ──

지방쇠퇴로 이어지는 3가지 왜곡

고향납세가 왜곡돼 활용되면서 이제는 고향납세가 오히려
지역 쇠퇴의 요인이 되고 있다. 그 3가지 왜곡을 살펴보자.

왜곡 1 : 납세 부탁을 위해 지역 특산품 '싸게 팔기'

지방에 고향납세를 하면 해당 지자체는 지역 특산품을 현지 기업·생산자로부터 구매해 답례품을 보낸다. 납세 금액의 반 정도를 답례품 재원으로 지원하는 지자체도 있다. 그러면 고액의 지역 특산품이 도시로 보내지는데 실제로 그중 절반은 지자체 보조금이다.

문제는 이런 경우, 지역 특산품의 가치를 정당하게 인정받아 시장거래의 확대에 기인한 것이 아니라는 데 있다. 세제 혜택이란 명분으로 무료나 마찬가지로 지역 특산품을 나눠주고 있기 때문에 출하량이 증가하고 특산품을 받는 도시민도 기뻐하는 것이다. '일부는 시제품으로 보내고 다음부터는 구매하게 하는 신규고객 개척'이라 하지만 그렇게 원하는 대로 되지 않는다. 유사한 지역 특산품이 많기 때문에 처음에 거의 무료로 받았던 상품을 다음에 정가로 구매할 가능성은 지극히 낮다. 게다가 정가로 구입한 상품을 다른 사람들에게는 무료나 마찬가지로 나눠주면 신규고객뿐만 아니라 기존 고객에게도 영향을 미치게 된다.

지역 특산품 판매를 통해 지역 활성화를 도모하려면 합리적인 가격으로 영업을 통해 판매를 늘려야 한다. 싸게 팔기 위한 판촉비용에 세금이 지원된다면 그것은 본래의 경쟁력을 꺾고 오히려 지방 쇠퇴를 가속화하는 매력적인 독버섯이나 다름없다.

왜곡 2 : 지역 산업의 지자체 의존 가속화

게다가 지역 산업이 점점 지자체에 의존하게 된다. 지자체가 받는 고향납세 액수가 커질수록 현지 기업과 생산자로부터 구입하는 답례품의 상품총액도 커진다. 세제로 재원이 확보되기에 현지 기업과 생산자에게는 지자체가 상품을 일괄 구매해 주는 '달콤한 비즈니스'다. 지자체도 타 지자체에 뺏기지 않기 위해 기를 쓰면서 좋은 상품을 조달해 답례품으로 내놓는다.

일부 생산자는 고향납세의 단기 매출을 우선시해 기존의 도매거래처에 납품하는 상품 수를 줄이고 답례품을 늘린다. 고향납세가 매년 몇 억 엔이나 판매할 수 있는 신규시장이나 마찬가지이기 때문이다. 지방의 중소 영세기업과 생산자에게는 결코 작지 않은 시장이다. 이런 상황은 현지 기업과 생산자의 지자체 의존도를 높게 만들었다.

우려되는 것은 '변동에 대한 대응'이다. 고향납세도 경쟁한다. 각 지자체에 들어오는 납세액이 계속 증가할 리가 없다. 급증하면 반등도 있고 업다운이 발생한다. 고향납세가 감소해 500만 엔이었던 답례품 매출이 다음 해에 50만 엔으로 줄어드는 경우도 충분히 발생할 수 있다. 그러한 변동이 현지 기업과 생산자에게는 꽤 큰 영향이 되어 경영이 어려워지는 요인이 될 수도 있다.

왜곡 3 : 납세 증가=세출 확대라는 지자체 재정

지자체의 세입이 적기 때문에 독자 재원인 고향납세로 세입이 늘어나는 것은 매력적이다. 고향납세 금액이 현지 세입을 초과하는 지자체도 있다. 현지의 기업과 생산자로부터 고향납세 답례품을 구매하는 것은 정치적으로 지역에서 지지를 받기에도 좋다. 그렇기 때문에 지자체는 고향납세 획득 경쟁에 몰두하게 된다.

문제는 고향납세로 획득한 예산의 사용방법이다. 일회성 세입임에도 매년 예산이 요구되는 주민 서비스 분야(복지, 의료, 교통, 활성화 이벤트 등) 사업을 시작해 세출을 늘리고, 인구 획득을 목표로 하는 '서비스 경쟁'도 가열되고 있다. 보조금과 관련해 앞서 지적한 대로 기존처럼 예산을 전부 소모하는 경쟁을 한다면 고향납세를 활용한 지역 활성화는 불가능하다. 인구감소가 진행되는 상황에서는 오히려 쇠퇴를 가속화시킨다.

세제 우대를 명분으로 지역 특산품을 싸게 팔아서 세입을 늘리는 경쟁은 누구나 할 수 있는 획일적인 경쟁이다. 이러한 경쟁을 통해 일시적으로 세입이 늘어나고 현지 생산품이 유통된다 해도 부작용은 점점 커져 갈 것이다. 빠른 시기에 납세액에 대한 답례 비율을 재검토하고 기업과 생산자로부터 조달하는 총액의 상한을 설정해야 한다. 또한 납세 재원에 대한 지자체의 활용방안 등의 개선도 필요하다.

'헐값 경쟁'이 아닌 '가치를 만들어내는 경쟁'

　사실 지방이 독자적인 매력을 만들고 유지하는 데 필요한 것은 '단기적으로 받는 돈'이 아니다. 그 지역 자체의 가치를 가지고 '계속적으로 이익을 창출할 수 있는 구조'다. 그런데 지역의 비전과 목표 실현을 위한 자금조달 방법으로 고향납세를 매개체로 활용하는 지자체는 매우 소수다.

　이제는 중산간 지역이나 멀리 떨어진 외딴섬, 일정 규모의 지방도시 등 각각의 자원 상황에 따라 납세자에게도, 거주자에게도, 현지 기업에도 경쟁력 있는 사업기획이 필요하다. 지역 활성화를 목표로 한다면 예산을 획득해서 다 사용하는 것이 아니라 수입과 지출이 제대로 확대되는 사업이어야 한다.

　지역 스스로 생각하지 않고 정부가 만든 제도에 준해서 과거와 같은 방식으로 추진해 온 결과가 '거액의 세금을 사용하면서도 지방이 쇠퇴하고 있다'는 것을 잊어서는 안 된다. 고향납세마저 같은 실수를 하게 되면 어떻게 될까? 개개인이 납세처를 선택할 수 있다면 다양한 가치관에 근거한 성숙한 사회 실현이란 측면에서 고향납세는 긍정적이다. 그렇기 때문에 답례품으로 낚고 낚이는 경솔한 방식의 '선택형 기부금제도'는 개선돼야 한다.

　일회성 수입이 증가하는 것만으로 지역이 활성화된 듯 착각하는 사람도 적지 않다. 일회성 수입 증가는 정부의 보정예산

등으로 이미 존재하고 있다. 다만 그것이 지방이 안고 있는 과제 해결로 이어지지 않는다는 것이 문제다. 오히려 집중적으로 예산이 배분된 모델지구 등에서 크게 실패한 사례도 있다. 이는 일회성 수입증가와 지역 활성화와는 관계가 없다는 것을 의미한다.

오히려 지역경제의 활성화에 의한 세입 증가가 아닌 일회성 수입 증가는 지자체 경영을 변질시킨다. 그리고 답례품의 공적 지출 의존은 지역경제를 좀먹게 한다. 고향납세로 들떠 있는 지자체일수록 지역경제와 지자체 재정에 변화가 초래될 가능성이 높다. 부작용을 걱정해야 한다. 지역 활성화에 있어서 돈에 대한 이해는 구조를 변화시킨다. '버는 돈'과 '단순히 지원받는 일회성 돈'을 구별하지 못하고 모두가 되도록 빨리 받아낼 수 있는 돈으로 몰려가고 있다. 고향납세만 보더라도 그런 문제가 표출되고 있다.

— ❝ —
왜 200년 전에 했던 것조차 하지 못할까
에도의 지혜를 지방창생과 재정 재건에 활용하자
— ❞ —

지역 활성화 문제는 현대뿐만 아니라 에도 시대에도 있었다. 과거 유효했던 해결 방법은 현재의 문제 해결에 시사하는 바가 크다. 에도 시대의 지방 한(藩)*은 각각의 독립 채산이 명료했기 때문에 지역 쇠퇴는 사활이 달린 문제였다. 지금과 같이 정부 교부금 등을 활용한 재분배도 없었고 오히려 막부에 상납해야 하는 경우도 있어서 문제는 지금보다 훨씬 더 어려웠다. 그런 와중에 쇠퇴한 농촌이나 파탄 직전의 한(藩) 재정을 개선해 두드러진 성과를 올린 인물이 있었다. 에도 시대 후기부터 말기에 걸쳐 지방창생을 실현한 선구자인 니노미야 긴지로(二宮金次

---

* 에도 시대 때 봉록 1만 석 이상의 영토를 보유하고 있는 봉건영주의 영토와 그 지배구조를 일컫는다.

郞, 1787~1856년)[*]가 그 인물이다.

긴지로는 인구감소에 놓인 농촌지역 600곳을 구한 지역재생 현장전문가

에도 시대라 하면 어떤 이미지가 떠오르는가. 에도 전기에는 급격하게 인구가 증가했지만 중기 이후에는 인구 변화가 거의 없었다. 지역적 격차는 있었지만 에도 후기에 발생한 기근 등과 함께 인구감소를 고민하는 지역이 많았다(표 4-2). 그중에서도 현재 기타칸토(북관동) 지역은 인구의 변화 폭이 컸다. 기록에 의하면, 1600년부터 1700년대 전반까지 약 70만 명밖에 없던 인구가 220만 정도로 급증했는데, 이후 1800년대에는 160만 명 정도까지 감소했다.

기타칸토 지역의 빈곤했던 시모츠케노쿠니(국)·사쿠라마치료(령)(후에 도치기 현 니노미야마치, 현재는 모오카 시에 편입) 재생으로 큰 성과를 올린 사람이 니노미야 긴지로다. 긴지로는 가나가와 현 오다와라 시 출신으로 오다와라 한주(藩主)로 유서 깊은 가문인 핫토리 집안에 고용된 무사였다. 평민시절부터 재능을 나타낸 긴지로는 핫토리가의 재정을 살리면서 오다와라 한주인 오쿠보 다다자네의 눈에 띈다. 시모츠케 사쿠라마치료(령)

---

[*] 니노미야 손도쿠(제2장 09. 제3섹터, p.110 참조)와 동일 인물.

표 4-2 지역별 인구변화(1721-1846년)

에도 시대 중기부터 말기에 걸쳐 5개 지역에서 인구가 감소한다. 인구감소가 가장 심했던 기타칸토에서는 매년 1%이상 감소했다.

지 역	인구변화율(%)	지 역	인구변화율(%)
뭇츠(히가시 오우)	−18.1	기나이 주변	−5.1
데와(니시 오우)	4.0	산인	23.6
기타칸토	−27.9	산뇨	20.2
미나미칸토	−5.2	시코구	26.8
호쿠리쿠	17.6	기타큐슈	6.8
도우산	13.2	미나미큐슈	23.6
도우카이	10.5		
기나이	−11.2	합계	3

출처: 하야미 아키라 외, 《역사인구학의 최전선》(동양경제신보사)를 기초로 저자 작성

는 한주 분가의 영지로서 그 지역의 재생을 담당했다. 재생에 대성공을 거둔 긴지로는 그 후 막신(幕臣 : 막후의 신하, 즉 쇼군 직속의 가신)으로 등용돼 도쿠가와가의 중요한 니코 지역의 재생 사업도 맡게 된다.

니노미야 긴지로는 땔감을 지고 일하면서도 책을 읽는 동상이 초등학교 교정에 설치될 정도로 '근면과 성실'의 상징이다. 사실 그는 부모가 시켜서 땔감을 지고 나른 것이 아니었다. 그는 임야를 저렴한 가격에 임대해 나무를 잘라 당시에 중요한 연료였던 땔감을 마을에 판매하는 에너지 사업을 열심히 했던 것이다. 그리고 그 수익을 활용해 사람들에게 저금리로 돈을 빌려주고 생활을 꾸려 가도록 했던 금융사업까지 일으킨 사업가

였다. 이런 사업 경험을 토대로 어려움에 빠진 지역을 재생했는데, 지금의 표현으로 하면 '지역재생 현장전문가'로서 대활약을 한 것이다.

재생의 첫걸음은 지역 수지의 흑자화

　도대체 지방은 왜 가난할까? 옛날이나 지금이나 본질은 바뀌지 않는다. 지방이 가난하다는 것은 행정도 민간도 사업 수지가 적자이기 때문이다. 적자의 악영향은 실제로 생활이 궁핍해지고 부채가 증가하는 것에 그치지 않는다. 더 중요한 것은, 미래 희망을 가질 수 없는 궁핍한 생활이 몸도 마음도 황폐하게 만든다는 것이다. 그 때문에 긴지로는 우선 재생의 첫걸음으로 만성적인 적자 상황을 흑자로 전환하고자 했다. 당연하지만 적자는 수입에 비해 지출이 지나치게 크기 때문에 발생한다.

　에도 시대 후기는 인구감소와 함께 지금의 일본 상황과 마찬가지로 막부의 재정도 적자, 한의 재정도 적자인 곳이 다수였다. 그는 막부와 한이, 지금으로 말하면 행정이든 민간이든 농촌이든 도시든 구별하지 않고 수입과 지출 구조에서 흑자로의 전환을 주장했다. 그것을 긴지로는 '분도(分度)'라 명명했다. 간단히 말하면 수입에 근거해 지출을 정하고 흑자 체질로 바꾼다는 의미로 해석할 수 있다.

그는 지역재생 계획을 세우면서 동시에 수입증가를 위해 '영업'을 먼저 추진했다. 이를 위해 수익 없는 다양한 자산을 활용했다. 예를 들면 정원의 매실을 판매하거나 곳간에 비축된 쌀은 오사카 도지마의 시세를 보면서 최고 값으로 팔았다. 게다가 하인들에게 뒷산의 나무를 잘라 땔감으로 팔도록 했고 그 수입을 하인들에게 되돌려줘서 열심히 일하는 동기를 부여했다.

또한 낭비되는 예산은 삭감하고 수입에 맞는 규모로 최적화했다. 당시 땔감과 유채기름 등의 연료비는 결코 저렴하지 않았다. 휘발류나 등유값이 가계에 미치는 영향은 예나 지금이나 똑같다. 냄비 밑바닥에 붙은 그을음을 털어내면 연비가 좋아지기에 그는 취사 담당자에게 '냄비 밑바닥의 그을음을 깨끗하게 털어내고 그을음 1되를 2푼에 사겠다'는 규칙도 만들었다. 단순히 경비를 줄이는 것만이 아닌 이처럼 구체적인 방법을 제시했다. 놀라운 지혜다. 새로운 수익과 경비 삭감, 이 두 방법으로 모두의 의욕을 이끌어내고 작은 실천으로 재정사업에서 흑자를 이뤘다.

인구감소 문제를 안고 있고 생산 능력도 감소되는 현 상황에서 지금과 같은 방식으로 예산을 사용해서는 아무리 돈이 많아도 충분치 않다. 우선은 재정 여건에 맞는 상황으로 조정할 필요가 있다. 그것을 가능하게 하는 방법은 구체적이면서도 모두가 능동적으로 참여해야 한다. 그리고 다양한 지혜를 모아 수입과 지출에서 흑자를 이뤄낼 수 있는 목표를 설정하는 것이 중요하다.

지역 자금을 모은 금융으로 재생 사업에 투자

니노미야 긴지로는 수입과 지출에서 흑자를 유지했을 뿐 아니라 금융의 힘으로 민중을 풍요롭게 하여 지역 활성화로 이어지도록 했다. 외부의 고리 대금업자로부터 돈을 빌려 상환이 어려운 지역 주민들에게 저금리 융자로 재대출해주었다.

그것만이 아니다. 그의 진면목은 여기에 있다. 재대출할 때 빌린 돈의 상환 계획을 함께 세워 확실한 목표를 갖게 함으로써 생산 의욕을 되찾게 했다. 그리고 빌린 돈을 완전히 갚고 나면 수익창출의 힘을 동력으로 삼아 1년분을 추가로 출자받아 기금을 조성했다. 이 기금으로 어려운 사람이 곤란을 겪었을 때 저금리 융자 원금으로 활용했다. 이것을 양도(推讓)라 명명했다.

하인들이 뒷산의 땔감 판매 등으로 벌어들인 잉여분에 대해서는 "모두 다 써 버리면 그것으로 끝이야?"라며 타이르듯이 문제를 제기했다. 이익 분배뿐만 아니라 기금을 모아 다음 활동에 투자 · 융자하면 몇 년 몇 십 년 후에 방대한 자금이 된다는 것을 복리계산과 함께 사람들에게 가르치고 실행했다. 즉, 사업 수입의 흑자화뿐만 아니라 그것을 밑천으로 금융수입을 지역 사람들에게 돌려주는 장치를 만든 것이다.

돈을 빌리면 복리 때문에 이자가 눈덩이처럼 불어 사람들을 괴롭힌다. 그러나 반대로 운용하는 입장에서는 돈이 돈을 낳는다. 적절하게 운용하면 사람들을 구제하고 오히려 풍족하게 한다는 가능성을 보여줬다.

사업수지 흑자화와 지역 금융 구조 만들기

긴지로의 활동을 체계화한 '호우토쿠 방식'*은 지방창생 사업과 지역자립의 관점에서 배워야 할 것이 많다. 지방에서도 행정, 기업, 가계 모두에게 '분도(흑자 전환)'가 필요하며, 수익을 창출하는 구체적인 방법을 고안하고 아이디어를 짜내어 흑자로 전환하기 위한 지혜가 필요하다.

계속해서 돈을 빌리고 중앙으로부터 지원금을 받아도 적자로 탕진해 버리면 지방창생은 점점 요원해진다. 최근에는 금리 지불 과잉으로 지역에서 복리로 자금이 빠져나가고 있다. 그렇기 때문에 지역 활동가들은 지역 내 자금 사용 등에 대한 금융 지혜를 반드시 갖추어야 한다.

개별 사업에서 확실하게 흑자를 낼 수 있다면 자금을 빌릴 수 있다. 사업에서 흑자를 내면 금리를 지불하고 지역 주민들은 금리수입을 얻을 수 있다. 중앙정부에서 돈만 받아서 탕진하는 것보다 몇 년간 노력하면 복리로 활동이 가능해진다. 이것이 실현된다면 최근의 어려운 상황은 완전히 바뀔 것이다. 문

---

* 호우토쿠 방식(報德仕法) : 에도 시대 후기 니노미야 손토쿠가 주장한 정책으로 절약과 저축을 중심으로 한 농민 생활지도를 통해 농업경영을 재구축해 빈곤과 기아 등으로 황폐한 농촌을 부흥시키는 방법이다.

제는 단순하고 원칙적이지만 이런 환경을 어떻게 지방에서 만들어낼 것인가이다.

다양한 활동이 지방에서 이뤄지고 있다. 과거로부터 배우고 현재의 활동을 과거 시점에서 평가해 보면 그 의미도 달라진다. 니노미야 긴지로가 남긴 지혜를 현재의 문제에 비춰보면 지방창생이 나가야 할 방향이 어느 정도 보인다. 해외 사례만 찾지 말고 에도 시대 말기의 인구감소 문제를 다뤘던 농촌 지역의 재생 방법에서 배울 점을 찾아보자. 긴지로는 그 방법을 '호우토쿠 방식'이라 하여 체계적으로 정립했고 활동 사례에 대해서도 기록하여 책으로 남겼다.

'돈'을 통한 지역 활성화가 에도 시대에 가능했던 것이 현대에는 왜 어려울까? 그것은 할 수 없는 것이 아니라 아마도 하지 않기 때문일 것이다. 최근의 실패를 명확히 반성하고 다른 국가의 축소도시 문제와 도시 중심부 쇠퇴 문제에 대한 성과 그리고 과거 일본이 실천을 통해 성과를 올렸던 방법에서 배우면 해결할 수 있지 않을까. 지금이야말로 '돈'이란 이슈에서 회피하지 말고 정면으로 다루는 지역 활성화가 요구된다.

지역을 활성화하는 방법에는 보편적인 사고방식과 기술이 있다. 일본이 예전에 경험한 인구감소사회에서 터득한 재생의 기법들에 대해 현대의 우리들이 배워야 할 것들은 많다.

01
- □ 보조금이 있으면 사업 성공률은 높아진다.
- □ 위험을 감수하지 않아도 된다면 모두가 사업에 도전해서 성공할 것이다.
- □ 세금을 사용하는 이상 많은 이익을 내서는 안 된다.
- □ 보조금이 적기 때문에 지방이 쇠퇴하고 있다.
- ▶ '(돈을)번다 → 투자한다 → 더 번다 → 더 투자한다'의 선순환 구조를 만들자.

02
- □ 계획을 세울 때는 지역 내 논리를 존중해야만 한다.
- □ 마음속으로는 '이것은 무리다'라고 생각하며 활동한다.
- □ 당초 계획은 변경하면 안 된다.
- □ 지역 활성화 계획에 '돈'과 관련해서만 작성하면 안 된다.
- □ 처음부터 최악의 사태를 생각하는 것은 불길하다.
- ▶ '최악의 사태'에 빠져도 대응할 수 있는 체제를 갖추자.

03
- □ 답례품을 활용해 고향납세를 증가시키면 지역은 활성화된다.
- □ 애써 거둬들인 세수는 빨리 사용하는 것이 좋다.
- □ 지역 상품은 행정이 주체가 되어 영업해야 한다.
- □ 고향납세를 통해 현지 생산품이 팔리면 기업 경쟁력이 향상된다.
- □ 시제품으로 답례품을 싼 가격에 구매하면 다음에는 정규가격으로 구매할 것이다.
- ▶ '염가판매 경쟁'에서 벗어나 시장에서 적정 가격으로 팔자.

04
- □ 적자가 고착화돼 있다.
- □ 정부 지원금이 대출금보다 지역사업에 도움이 된다.
- □ 지역의 경비에 대해 재검토하지 않는다.
- □ '금융'에 대해서 여전히 잘 모른다.
- □ 대차대조표 · 손익계산서 등을 이해하지 못한다.
- ▶ '새로운 수익창출'과 '경비 삭감'을 철저히 하자.

제5장
조직 운영법

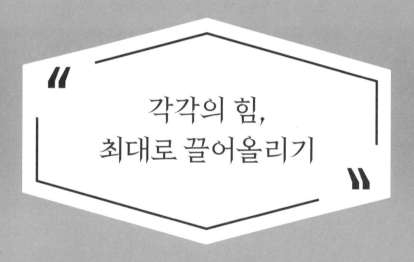

"
각각의 힘,
최대로 끌어올리기
"

지역 활성화를 추진하는 데는 넘어야 할 3가지 벽이 있다.

첫째는 '사업의 벽'이다. 지역 전체를 하나의 회사로 간주해 행정과 민간 모두 흑자가 되는 사업을 만들어야 한다. 이것은 민간이 돌파해야 할 벽이다.

둘째는 '제도의 벽'이다. 지역 활성화에서 중요한 것은 '다른 지역에서 못하는 것을 자신의 지역에서 실현하는 것'이기에 법률이나 제도와 같은 규제를 완화할 필요가 있다. 이것은 행정이 돌파해야 할 벽이다.

마지막은 극복하기 가장 어려운 것으로 '조직의 벽'이다. 사업이나 제도와 달리 조직은 개개인의 집합체이기 때문에 사람 중심적이고 정서적이며 개인의 생활이나 만족감과도 직접적으로 관계되어 있어 극복하기 어려운 측면이 있다. 그래서 확실한 성과를 올리기 위해서는 기존 조직을 변화시키는 데에 힘을 쏟기보다는 때로는 새로운 조직을 만드는 것으로 이 벽을 극복하기도 한다. 이것은 공공도 민간도 구별 없이 모든 곳에서 발생하는 벽이다.

조직 대응책에는 '공격'과 '수비' 양쪽 모두가 필요하다.

새로운 도전을 견인하는 경우에는 '공격적'인 조직 만들기가 중요하다. 이때는 적절한 인재를 모아서 대응하는 것이 효과적이다.

내가 구마모토 시 상점가 지역에서 동료와 함께 사업을 시작했을 때, 상점가, 진흥조합, 상공회의소, 중심시가지 활성화협의회라는 기존 조직이 아닌 새로운 '구마모토조토 매니지먼트'라는 회사를 자체 자금으로 설립해 시작했다. 또한 '이익창출 민관연계'로 성과를 올린 시와초에서는 '오갈(ogal) 시와'라는 새로운 회사를 만들어 재원은 정부 교부금이나 보조금이 아닌 현지 금융기관에서 조달했다. 기존과 전혀 다른 방식으로 추진한 것이다.

지역 활성화 사업을 하다 보면 지역 활동에서 자금을 지원하지 않거나 활동에도 협력하지 않으면서 훈계만 하는 사람들이 여럿 있다. 이들에 대해서는 '수비'적으로 대응한다.

'구마모토조토 매니지먼트'를 시작했을 때였다. 협의회 조직을 만들고 행정·대학·상점가·NPO 등의 관계자들과 회의를 하면서도 회사경영에 대한 의사결정은 주주이면서 임원이기도 한 4명이 책임지고 했다. 시와초 활동에서 주민들과 개방적인 디자인 회의를 할 때, 주민이 의견을 제시하면 전문가가 그 제안의 좋은 점과 나쁜 점을 그 자리에서 답변하고 해결하는 '수비'적 방식을 활용했다.

조직을 바꾸는 것에 에너지를 소비하는 것이 때로는 무모하다. 과거의 상식과 관습을 차단하고, 적절한 새로운 조직을 만들어 기존 조직으로부터 받는 압력에는 수비적 태도로 대응하자.

중요한 것은 지역에 필요한 경쟁력 있는 사업을 만드는 것이다.

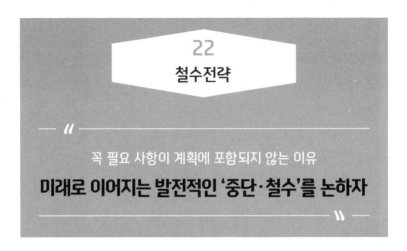

꼭 필요 사항이 계획에 포함되지 않는 이유
미래로 이어지는 발전적인 '중단·철수'를 논하자

조직에서 실패란 도전에 실패했을 때가 아니다. 실패 징조
가 보이는데도 불구하고 그것을 방치한 채 '재검토하지 않을 때'
오히려 실패가 커진다. 사실 처음부터 100% 성공이란 거의 불
가능하다.

오히려 성공은 실패의 징조를 알아차리고 대폭적인 변경을 하
거나 그 사업에서 물러나 다른 사업에 도전하는 과정에서 나타난
다. 그래서 정말 성공하고 싶다면 처음 계획한 대로 끝까지 독
주하는 바보스러운 짓은 하지 않는 편이 좋다.

그러나 조직은 때때로 비상식적인 것을 태연하게 지나친다.
처음 계획한 대로 추진하는 것이 지상 최대의 명제가 된 듯, 계
획대로 되지 않는 것이 밝혀져도 인정하지 않고 방치하며 방
관한다. 점점 손실이 커지고 실패가 농후해져도 어떻게든 속이

고 속이면서 진행한다. 실패를 깨달았을 때는 이미 엄청난 손해를 본 이후다.

지역 활성화 사업의 기본계획 등을 보면, 실패할 경우에 대비한 전략은 아무것도 없다. 정말 없다. 그래서 여기에서는 조직의 의사결정에 필수적으로 있어야 할 '철수전략'에 대해 살펴보고자 한다.

계획 초기 단계부터 불명확한 책임소재

어떤 사업이 정해진 조건을 채우지 못하거나 당초 계획한 수준을 달성하지 못하면 어떻게 해야 할까. 지역 활성화 사업 기본계획에는 이에 대한 방안이 전혀 없다. 지역 활성화 사업이 잘되지 않아 중간에 사실상 실패라고 밝혀지는 지자체 사업은 정말 많다. 그런데도 대부분의 경우 책임 소재가 명확해지는 것이 두려워 무계획적으로 자금을 계속 투입한다. 그리고 터무니없는 거액의 자금이 흘러 들어간 후에야 정신을 차리게 된다. '지역 활성화의 기폭제'로 기대된 프로젝트가 전혀 다른 의미로 폭발하는 웃지 못할 얘기가 전국 각지에서 생겨난다.

지역 활성화 사업을 경영 관점에서 볼 때, 성공 여부와 관계없이 실패했을 때를 가정해 '더 심각한 치명상을 입기 전 적절한 타이밍에 철수할 것'을 미리 정해두는 것은 정말 중요하다. 왜냐하면 기업 이상으로 '계속성(going concern)'을 중시하는 것이 지역 경영의 기본이기 때문이다.

철수전략이 없을 때 발생하는 2가지 리스크

지자체장이 일시적 주목을 위해 화려한 프로젝트를 계속 만들어내면서 철수전략은 준비하지 않고 진행하는 경우를 보자. 철수전략을 마련하지 않을 때 발생할 수 있는 리스크는 크게 2가지다.

리스크 1 : 실패는 더 깊은 상처를 남긴다

첫째는 '실패했을 때 상처가 더 깊어진다'는 것이다. 상황이 심각하게 악화됐을 때 철수전략이 없으면 객관적으로 '철수할 시기에 도달했다'는 논의조차 이뤄질 수 없는 기본적인 문제를 안고 있다. 그래서 상황이 악화됐다 할지라도 관계자는 어떤 일이 있어도 실패를 인정하고 싶지 않아 결단이 늦어진다. 결과적으로 성과를 목표로 했던 프로젝트지만 책임회피를 위해서 질질 끌면서 발생하는 손실 부분을 다른 예산으로 보충하게 된다. 활성화는커녕 적자가 계속 누적되고 지역에는 어떠한 긍정적 효과도 가져 오지 못하고 쇠퇴만 가속화시키는 셈이 된다.

리스크 2 : 철수전략을 준비할 수 없는 조직이기에 사업은 힘을 잃어간다

둘째는 초반에 철수전략을 설정할 수 없는 사업은 실패하기도 쉽다는 것이다. 사업 초기 단계에 철수전략에 대한 의견을 제시하면, "시작도 안 했는데 초를 치냐" "시작부터 실패를 얘기하지 말라"고 한다. '실패하라!'는 것이 아닌데도 처음부터 막무가내로 성공만 얘기해야 한다는 분위기가 조성된다. 프로젝트 초기단계에서 사업 중단이나 포기 등에 관한 논의를 할 수 없는 분위기라면 그것은 자기들이 특별해서 논쟁을 가볍게 여기거나 상황을 객관적이고 냉정하게 논의·판단할 수 없는 환경이란 것을 의미한다. 당연히 추진하는 사업도 독선적이거나 '형식적·절차적'으로 진행되기 쉽다. 따라서 현실을 명확하게 직시하면서 원래 계획을 유연하게 변경하거나 성공에 필요한 개선은 이뤄질 수 없게 된다.

사업의 성공 여부는 무모한 추진과 절차만 따지는 '형식 일관성'에 의해 결정되는 것이 아니다. 변화되는 상황에 항상 대응하는 유연성에 달려 있다. 철수전략에 대한 논의를 할 수 없는 상황, 그 자체가 사업을 추진하는 데 커다란 '위험신호'인 것이다.

실패 책임에서 도망치는 순간부터
세금은 더 많이 낭비된다

　지역 활성화 계획을 세우면 방대한 세금을 투입해 공공시설이나 상업시설을 개발하고 대중교통망을 재정비하고 이벤트 등을 개최한다. 그러나 이런 사업들이 예상한 성과를 내지 못하고 경제적으로도 자립하지 못하면 어떻게 될까? 많은 경우 공적 재원에 계속 의존해 사업을 유지하게 되고 결국은 고스란히 지자체의 재정 부담으로 남게 된다. 이렇게 추가로 더 많은 돈(세금)이 들어가는 '나쁜 사례'는 안타깝게도 전국 각지에 널려있다.

　아오모리 시의 아우가가 이런 사례다. 아우가는 계획 단계부터 문제가 있었을 뿐 아니라 실패했는데도 근본적인 타개책을 내지 않았다. 더 나아가 시설 경영에 실패한 사실이 밝혀진 후에도 지자체가 임기응변식 재정지원을 계속해 투입된 예산이 시설 완공 후부터 지금까지 총 200억 엔을 훌쩍 넘어섰다. 당초 개발비가 180억 엔이었으니 실패를 감추기 위해 개발비 이상의 예산을 쏟아부은 것이다.

　야마나시 현 미나미알프스 시는 농업6차산업화를 위한 대형 관광농원인 '간추쿠농원' 조성을 위해 시작 단계에서 약 8억 엔을 투자했지만 개업 후 3개월 만에 자금 융통이 원활치 못해 경영난에 빠졌다. 그런데 그 상황에서 근본적인 경영상태를 재검토하지 않고 지자체가 임기응변식으로 5,000만 엔을 긴급 융자

했다. 결국 개업 후 1년도 채 되지 않아 파산, 그 자금은 회수
도 못했다.

이런 사례는 오카야마 현 츠야마 시의 아루네 츠야마(ALNE-
TSUYAMA)와 야마나시 현 고후 시의 코코리(KoKori), 후쿠오카 현
기타큐슈 시의 콤시티(Com City) 등 아주 많다.

이런 사례들의 공통점은 문제가 발생됐을 때 그것을 임시방
편으로 처리해 책임을 미루고 추가로 자금을 투입한 것이다. 실
패라고 깨달았을 때 즉시 빚을 청산하고 일단은 잠시 멈춰서
근본적으로 사업을 재검토해야 한다. 하지만 지금의 행정체계
에서는 쉽지 않다. 그래서 사실 이것이 더 큰 문제다.

지역 활성화 사업에서 처음부터 철수전략을 마련하지 않은
채 사업을 중단하게 되면 책임소재가 따르므로 관계자는 모두
모른척 한다. 그러다 보니 재건 계획도 대부분 근본적인 대책
이 아니다. 적은 예산을 계속 투입하는 임시변통만을 되풀이하
다가 정신을 차렸을 때는 이미 엄청나게 손실이 커져 있다. 이
러는 사이 사업 담당자는 바뀌고 때로는 시장 등 단체장도 선
거로 교체되어 책임소재는 어디론가 사라져 버린다. 사업의 일
부를 담당했던 민간업자도 "우리는 단지 행정에서 의뢰받았을
뿐"이라고 한다. 결국 이런 불행한 지역 활성화 사업은 책임자
부재 상태에서 누구도 철수 결정을 하지 못한 채 타성에 젖어 그
대로 진행된다.

그러면 어떻게 하면 좋을까? 원래 일정한 단계가 지나면 이
전 투자에 대한 '매몰비용(sunk cost: 회수할 수 없는 비용)'은 포기

할 필요가 있다. 일단 모든 것을 새롭게 갖춘 후가 아니라면 경영 지원 등을 해도 효과가 없다. 명백히 실패했음에도 누구도 철수 결정을 하지 못하는 프로젝트는 지역에서 사람 · 자원 · 자본을 계속해서 빼앗아간다. 그래서 철수전략은 반드시 초기에 설정해야만 한다. 누군가가 필요에 따라 그때그때 정하는 것이 아니라 일정한 규칙과 기준을 세워 그에 따라야 한다.

이는 개인에게 의뢰한 프로젝트에서도 마찬가지다. 초기에 철수 요건을 정하지 않으면 최고책임자도 담당자도 본인의 임기 동안 실패한 사업을 회피하기 위해 불필요한 돈을 계속 쏟아붓게 된다. 지방창생에서도 KPI 설정과 PDCA 사이클을 통한 검증을 강조하지만 그보다 중요한 것은 철수전략을 수립하는 것이다.

그렇다면 어느 정도로 목표가 달성되지 못했을 때 프로젝트를 중단해야 할까? 이것을 초기에 명확하게 결정하는 것이 무엇보다 중요하다. 프로젝트가 위험해지면 누군가가 결정해줄 것이라는 희망은 버려야 한다. 특히 수축사회로 접어든 지금 하나의 실수가 지역을 존폐위기에 빠트릴 수도 있다는 것을 명심해야 한다.

철수전략은 미래로 나아가는 긍정적인 대비책

지역에서 동료들과 함께 사업을 할 때면 언제까지 얼마까지 라는 큰 틀을 먼저 정한다. "이 이상 시간을 들여도 사업을 실행할 수 없으면 중단하자" "이 금액 이상 손해가 나면 포기하자"라는 정도다. 미리 정해 두면 혹시 철수해야 할 상황이 되면 망설임 없이 "이쯤에서 일단 다시 생각하자"라고 말을 꺼낼 수 있다. 그렇지 않으면 "조금만 더 열심히 하자"라든가 "조금만 더 투자하면 어떻게든 될 것이야"라는 논쟁에 빠져들게 된다.

지역 활성화 사업에서는 성공도 중요하지만 큰 실패를 하지 않는 것도 무척 중요하다. 실패가 크면 재도전이 어려워진다. 지역 활성화의 성공 여부는 항상 '도전과 실패를 얼마나 되풀이할 수 있는가'에 달려 있다. 도전해서 안 좋아지면 일단 손을 떼고 방식을 바꿔 다시 도전하면 된다. 이것을 계속 반복하기 위해서라도 실패를 크게 해서는 안 된다. 그래서 초기에 철수전략을 다루는 것은 결코 나쁜 것이 아니다. 오히려 미래로 나아가는 매우 적극적이고 긍정적인 이슈인 것이다.

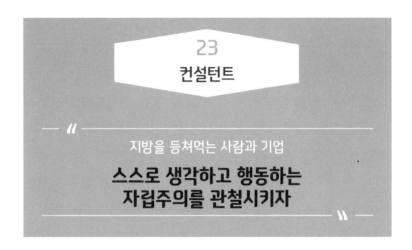

" 지방을 등쳐먹는 사람과 기업

스스로 생각하고 행동하는
자립주의를 관철시키자
"

사업 진행 전체에서 철수전략을 포함한 계획이 중요한 것은
두말할 필요도 없다. 그럼에도 그런 계획은 좀처럼 나오지 않
는다. 그것은 사업 실행 주체가 계획을 세우는 것이 아니라 계획
수립 자체를 컨설팅 회사에 떠넘기기 때문이다.

이렇게 되면 컨설팅 회사는 실천을 통해 성과를 올리는 것보
다 '계획을 세우는 것'에만 초점을 맞추게 된다. 사업계획을 위
탁하는 지역 측이 '그대로 하기만 하면 성공하는 계획을 만들
어달라'는 무모한 요구를 하기에 회사 측도 처음부터 '실패했
을 경우'는 언급하지 않는다. 계획에 '변경 조건'이나 '철수전
략' 등을 추가하면 계약은 파기된다. 이렇듯 결과에 대한 어떤
책임도 지지 않는 외부에 '계획 수립'을 맡기는 것 자체가 처음부
터 실패를 안고 시작하는 것이다.

게다가 전문가라 자부하며 활동하는 자문위원 대부분은 스스로 위험부담을 안고 지역사업에 도전해 본 적이 없는, 단순히 '지역 활성화 분야에 박식한 사람'인 경우가 많다. 자동차를 많이 알고 있다 해서 자동차를 만들 수 있는 것은 아니다. 실제 경험도 없는 사람이 계획 수립을 능숙하게 한다는 보장은 없다. 더군다나 부탁하는 측도 경험이 충분하지 않아 상대를 간파할 능력이 없으니 유명세만으로 판단해 의뢰한다. 이렇듯 있을 수 없는 매칭으로 인해 철수전략은커녕 계획 자체도 무모해지는 경우가 허다하다.

조직 의사결정을 왜곡시키는 '이름뿐인 컨설턴트인 자문위원과 컨설팅 회사'의 문제를 살펴보자.

지방창생으로 생겨난 '컨설팅 거품'

지방창생 정책의 기본계획인 '마을 · 사람 · 일자리 창생 종합전략'은 중앙정부에서 수립하고, 전국 도도부현과 시정촌에서는 그에 기초한 구체적인 실행 계획을 마련하고 추진했다.

지방창생 사업을 위해 거의 1,800개의 지자체에 휘몰아친 '외주' 바람은 컨설팅 회사의 일손이 모자랄 지경이 됐다. 지역 활성화 분야에서 지자체는 시설 개발에 컨설턴트를 추가하고 상품개발도 컨설턴트에게 의뢰하고 위원회 사무국도 컨설턴트가 책임지고 관리하는 이른바 컨설턴트라고 불리는 '사람(자문위원)'과 '회사(업체)'에 모두 외주를 몰아주었다. 문제는 지역의 장래를 스스로 생각하지 않고 컨설턴트에게 모두 맡겨서는 성과를 기대하기 어렵다는 것이다.

성공 지역의 무임승차 문제

컨설팅 회사에 맡겼는데 지역은 왜 재생되지 못할까? 지역 활성화 분야에서는 공무원뿐 아니라 컨설턴트도 성공 지역 현장을 방문한다. 지방창생에서 주목받는 지역에는 '어떻게 하면 좋은지 알려 달라'라는 질문이 쇄도한다.

중앙정부와 지자체의 지역 활성화 사업은 전국 각지에서 입찰(프레젠테이션 경쟁)로 진행된다. 놀랍게도 컨설팅 회사 중에는 낙찰 받은 후 처음으로 다른 지역을 방문해 성공사례를 배우는 경우도 있다. 그 자체가 상당히 놀랍다. 즉, 제대로 알지도 못하는 사업에 스스로 자진해서 사업을 수탁한 셈이다. 게다가 배우러 오는 컨설턴트 대부분은 기본적인 지식조차 없는 경우도 많다. 위험부담을 안고 투자해서 지역에서 사업을 해 본 경험 있는 사람도 거의 없다. 스스로 경험한 적도 없고 모르면서 그냥 일이니까 한다는 자세로 어떻게 지역을 재생시킬 수 있을까.

문제는 그것만이 아니다. 자문위원과 컨설팅 회사는 지자체로부터 상당액의 자문료나 컨설팅 위탁료를 받고 있다. 그러나 현장 실행자들에게는 얼마 되지 않는 사례금만 지불하거나 때로는 한 푼도 지불하지 않는 경우도 있다. 그들은 이런 무임승차를 태연하게 하면서 성공 지역의 자원을 무위도식하고 있다.

악질적인 컨설턴트 중에는 성공 지역에서 받은 자료를 활용해 다른 곳에 성공 지역과 같은 사업을 해보라고 영업을 시도하기도 한다. 게다가 "사실 그것은 내가 했다"라고 거짓말하는 자문위원마저 있다. 지역에서 사업할 수 있는 재능 있는 컨설턴트라면 처음부터 스스로 할 것이다. 과제를 수탁한 후에 성공 지역에 배우러 방문하지도 않는다. 이런 이름뿐인 컨설턴트에게 맡겨진 프로젝트가 실패하는 것은 우연이 아니라 필연이다.

지역 쇠퇴를 부추기는 성공사례 베끼기

성공 지역의 당사자조차도 똑같은 방식이 일본 전국의 모든 지역에 통용된다고 생각하지 않는다. 더구나 성공 지역에 대한 약간의 자료를 읽고 1–2시간 얘기를 듣는 것만으로 다른 컨설턴트에 의해 성공된다는 것은 있을 수 없다. 그러나 지역 활성화 분야에는 보조금이라는 '뒷손'이 있다.

표절 수준의 지독한 기획이라도 보조금을 사용해서 겉보기에 훌륭한 '가짜 계획'을 만들어낼 수 있다. 물론 가짜는 가짜일 수밖에 없다. 예산을 사용해서 성공 지역과 유사한 상품을 개발해도 실제로는 거의 팔리지 않는다. 비슷한 시설을 만들어도 경영 위기에 빠지는 경우가 적지 않다.

사업은 겉보기가 아니라 실체이며 눈에 보이지 않는 구조가 중요하다. 성공 지역의 활동과 비슷하지만 보조금에 의존해 베끼기를 하면 실패하게 되고 그것은 부정적 유산이 되어 지역을 더욱 쇠퇴하게 한다.

문제는 현장에서 그런 악질적인 컨설턴트가 활개를 치고 있다는 것이다.

컨설턴트에 맡긴 순간에 이미 실패인 3가지 이유

악질적인 컨설턴트도 문제지만 그것만이 전부가 아니다. 악질적이지 않아도 컨설턴트에 맡기면 다음의 3가지 이유로 인해 성과가 나지 않는다.

이유 1 : 수급 불일치 = 필요한 것은 객관적 조언이 아닌 주체적인 실행

지역 활성화에 있어서 필요한 것은 객관적인 조언이 아니라 문제해결을 위해 주체적으로 실행하는 것이다. 아무리 자문을 받았다 한들 그것을 실행할 수 있는 주체가 없으면 무용지물이다.

더군다나 사업 주체도 아닌 사람이 옆에서 객관적이라며 조언하면 그것은 지역 활동에 도움은커녕 오히려 방해가 된다. 지역 사업에서는 객관적인 분석보다 주체들의 결단과 실행이 더 중요하다. 지역이 필요로 하는 것과 컨설턴트가 할 수 있는 것 사이에 수급 불일치가 발생한다.

이유 2 : 주체성 부재 = '타인의 힘에 의존'하는 지자체 태도

계획과 사업을 컨설턴트에게 맡기는 지역 측에도 문제가 있다. 잘 아는 사람에게 맡기면 지역 문제가 단숨에 해결되거나 번거로운 일이 정리된다고 착각하는 것이다. 그렇게 타인의 힘에 의존하는 자세야말로 지역 쇠퇴의 한 요인이라 할 수 있다.

지역의 작은 팀이라도 괜찮으니 스스로 사업을 위해 자금을 모으고 필요한 것을 실행하고 여러 가지 장벽을 극복할 각오가 있어야 한다. 그런 노력과 각오가 없으면 아무리 우수한 컨설턴트가 참여해도 할 수 있는 것은 아무것도 없다.

이유 3 : 책임 불명확 = 세금이기에 결과가 나빠도 아무도 곤란하지 않다

컨설턴트는 주어진 일만 할 뿐 그 결과에 책임을 지는 주체는 아니다. 부탁받은 것은 절차에 따라 정확히 한다. 그 부분은 일류다. 절차를 지키는 것은 정확하겠지만 지역을 활성화시킨다는 의미에서의 결과는 삼류다. 민간기업에서는 결과가 없으면 최악의 경우 파산한다. 그러나 컨설턴트에 의뢰한 재원은 세금이 대부분이라 아무도 그 책임을 묻지 않는다. 오히려 제도를 잘 따르고 지역에 자주 방문하고 융통성 있고 사려 깊어 보이는 컨설턴트는 인기가 있다. 성과를 내고 안 내고는 2차적인 문제다.

스스로 판단하고 행동하는 '자립주의'가 지역을 변화시킨다

그럼 컨설턴트에게 위탁하지 않고 자기 책임하에 지역재생에 성공한 사례는 없을까? 물론 있다. 제2장에서 소개한 이와테 현 시와초 '오갈'이 그 사례다. 시와초의 민관연계 기본계획과 PFI* 시방서는 지자체 공무원이 직접 조사하고 스스로 결정했다. 서툴러도 공무원들이 심도 깊게 검토하고 독자적으로 작성했다. 직접 결정했기에 그것을 제대로 실행하기 위해서 누구보다도 열심히 노력한다.

지역의 상황을 근본적으로 생각하고 스스로 자금을 출자하고 사업을 시작해서 작지만 계속하기 위한 노력을 할 수 있어야 한다. 지역의 행정도 민간도 컨설턴트에 맡기지 않고 스스로 생각하고 실행하는 것이 지역 활성화의 기본이다. 컨설턴트에게

---

* Private Finance Initiative : (영국의)민간 자금 구상. 민간자금과 경영방법 및 기술력을 활용해 공공시설 등 사회적 자본을 정비하는 것. 프로젝트 시행 전에 공공과 민간의 역할분담을 정하여 공공시설의 건축과 유지관리를 민간기업에 맡겨 효율적이고 양질의 공공서비스를 제공하고자 한다.

는 그때그때 필요할 경우에 도움을 받으면 된다. 사전 계획을 수립하는 등의 업무를 맡겨서는 안 된다.

지방창생에 대해 무엇이든지 컨설턴트에게 의뢰하는 습관은 버려야 한다. 각 지역이 스스로 생각해서 해 보자고 결정하면 분명히 지역은 각각의 방식으로 작더라도 조금씩 전진해 갈 수 있다.

합의형성(집단의사결정)

> *지역을 좀먹는 '집단의사결정'이란 함정*
>
> **무책임한 100명보다**
> **행동하는 1명의 각오를 존중하자**

지역 활성화 분야에서 잘못된 의사결정은 어떤 형태에서 발생할까? 그 원인 중 하나는 모두 함께 논의하는 '합의형성'을 중요시하는 데에 있다. 공공은 무슨 일이 있어도 함께 논의하고 모두가 이해하는 것을 중요하게 여긴다. 그러나 모두가 논의하고 이해했다 해서 사업이 성공한다는 보장은 없다.

오히려 집단의사결정이 때로는 큰 우를 범하는 경우도 있다. 그런데 어째서인지 집단의사결정의 장점과 단점 중 단점에 대해서는 학교에서 배우지 않는다. 학급회에서도 '함께 논의합시다'라고 하지만 '함께 논의했는데도 실패하는 원인'에 대해서는 설명이 없다. 조직적으로 함께 지혜를 모으고 방대한 시간을 들여서 합의에까지 이르렀는데 왜 어처구니없는 의사결정을 해 버리는 걸까?

이번에는 이런 '합의형성(집단의사결정)의 함정'에 대해서 얘기하려고 한다.

'배척당하지 않는 것'이 사업 성공에서 중요할까

지역 활성화 분야에서는 "합의형성을 해야 하지만 잘되지 않는다", "관계자 전원합의가 되지 않는다", "어떻게 하면 배척당하지 않을까"라는 고민을 하는 사람이 많다. 그러다 보니 이런 합의형성에 얽매인 많은 사람들이 '어떻게 하면 지역이 활성화될까'라는 구체적인 방법에 대한 논의에 도달하지 못하는 경우가 종종 있다.

사물의 구조를 바꿀 때 새로운 활동에 대해 모두가 사전에 합의한다는 것 자체가 사실 '착각'이다. 그런데 무슨 일이 있어도 '함께 합의해야 한다'는 생각에 사로잡혀 앞으로 나아가지 못하고 있다. 합의형성에 대한 강박관념에 사로잡혀 있거나 무엇이든지 모두의 의견을 듣고 반영해야 하는 것을 '절대선'이라 생각하는 것 같다.

모두가 합의하면 프로젝트는 성공할까? 유감스럽게도 '그런 일은 없다'는 것을 우리 모두는 알고 있다. 쇠퇴한 지역에 새로운 활력을 만들어내기 위해서는 변화를 이끌어내는 새로운 에너지가 필요하다. 낡은 것이 새로운 것으로 바뀌는 과정에서 새로운 활동이 일부 사람에게 때로는 단기적으로 불이익이 되는 경우도 많다.

황당한 반대에 기죽지 마라

지역 활동에서는 엉뚱한 반대가 많다.

내가 구마모토조토 매니지먼트를 시작했을 때의 경험이다. 첫번째 사업은 건물 15개동에 해당한 시설물 유지관리 비용, 구체적으로 쓰레기처리에 들어가는 비용을 줄이는 것이었다. 민간기업이 비용을 줄일 수 있는 계약을 다 함께 전환하는 것으로, 쓰레기 처리회사 입장에서도 개별 빌딩의 관리자 측과 각각 계약하는 것보다 합리적이었다.

하지만 이에 대해 어느 경제단체 임원이 반대했다. 그 이유가 '현지 기업을 경쟁시켜서는 안 된다'라는 것이었다. '이곳이 자유로운 경제활동을 하는 자본주의 국가가 맞나' 하고 놀랐지만, 지방에서 새로운 사업을 하게 되면 이런 상황에 종종 직면한다. 그래도 강하게 지원해 주는 민간 · 행정 · 정치를 포함해 지역 사람들도 있었기에 이 사업은 8년째 계속되고 있다. 최초에 강한 반대가 있다 해서 기죽지 말고 신뢰를 주는 사람들의 기대에 부응하는 것이 중요하다.

이처럼 지역에서의 '합의형성'은 어렵고 반대 자체도 황당한 경우가 적지 않다. 게다가 이런 엉뚱한 반대에 대해 "그들의 의견도 들어서 내용을 변경해야 한다", "꼭 합의형성을 통해서 진행해야 한다"며 새로운 활동가를 '악인' 취급하는 경우도 있다. 그런 지역은 개혁은커녕 결과적으로 쇠퇴하고 만다.

나도 각지에서 동료들과 회사를 만들어서 사업을 시작할 때 일부 그 지역 사람으로부터 "들은 적 없다"라든가 "네가 하는 프로젝트를 망하게 하겠다"라는 말을 들은 적이 있다. 그러나 그렇다고 멈추면 지역은 아무것도 바뀌지 않는다.

집단의사결정의 3가지 함정에 주의하자

원래 인간이 서로의 주관을 배제하고 공명정대하게 사물을 논한다는 것은 매우 어려운 일이다. 집단으로 논의할 때 참가자 대부분은 '자신의 의견을 표현하는 기술'과 '있는 그대로를 듣고 이해하는 기술'에서 한쪽 혹은 양쪽 모두 부족한 경우가 많다. 자기가 말하고 싶은 것을 정확하게 말할 수 있고 다른 사람이 말하는 것을 즉석에서 정확하게 이해하기란 정말 어렵다.

제멋대로 행동을 취하거나 이야기를 옆길로 빠지게 하는 사람, 이야기 흐름을 끊는 사람이 있는가 하면 이상하게 매듭을 지으려는 잘못된 리더도 있다. 욕설이나 감정적인 행동을 하는 참가자도 물론 적지 않다. 무엇보다 자신의 책임이 명확한 형태로 결정되는 것을 피하고 싶은 사람이 많아서 애매한 결론으로밖에 합의할 수 없는 경우가 많다.

집단의사결정을 할 때 다음의 3가지 함정을 인식할 필요가 있다.

함정 1 : 공유정보 편견의 함정

'집단은 모두에게 공유된 정보를 논의하는 데는 많은 시간을 할애하지만 공유되지 않은 정보에 관한 논의에는 많은 시간을 쓰지 않는다'는 경향이 있다. 이것이 공유정보 편견이다.

합의형성을 위해 모두 모여 논의할 때 그곳에서 공유되지 않는 '제3의 정보'에 대해서는 당연히 많은 시간을 쓸 수 없다. 결국 회의 참가자들이 가져온 정보의 범위 안에서 논의될 수밖에 없다. 그러면 그 프로젝트에 결정적으로 필요한 정보가 누락된 상태에서 합의형성이 이뤄질 가능성도 있다. 그래서 때로는 합의형성 자체가 무의미해지는 경우가 발생한다.

함정 2 : 확증편향의 함정

자신의 가치관, 신념, 판단 등과 부합하는 정보만을 모음으로써 자신의 선입견과 좋아하는 것을 보강해 가는 현상이 확증편향이다. 지역 활성화에도 역시 자기들의 의견에 적합한 정보에만 주목하는 경향이 강하다. '우리 지역이 쇠퇴하는 것은 ○○이 문제다'에 모두가 합의하면 그 문제구조를 보강하는 정보에만 집중한다. 예를 들어 "상점가가 쇠퇴하는 것은 대형 마트 때문이다"라든가, "최근 젊은이들은 너무 약해 빠졌다"라는 의견이 대표적이다. 이것들은 하나의 요인이지 모든 현상의 원인이 아니다. 그러나 그 생각에 빠져 합의한 그룹은 거기에 대응하는 정보에만 주목한다.

함정 3 : 집단적인 얕은 생각의 함정

현명한 집단이 다양한 정보를 수집하고 집단적으로 의사결정을 내릴 때도 실수를 범하는 경우가 종종 있다. 진주만 공격과 베트남전쟁, 피그스만 침공 등이 대표적이다. 마찬가지로 지방도시의 재개발 사업에서도 조사가 이뤄지고, 모두가 합의하고, 민주적으로 결정된 사업에서도 대실패가 반복되기도 한다. 이는 사람이 모이면 예외 없이 일어나는 다음의 3가지 문제에 기인한다.

문제 ① : 집단의 힘과 도덕성의 과대평가

자기들은 유능해서 뛰어난 의사결정을 한다는 착각이 공유되어 과대한 모험을 감행하고 자기들의 집단적 결론이 도덕적으로도 좋은 것이라고 무비판적으로 받아들이는 경향이 있다. '우리 도시는 역사적으로 특별하다', '우리는 국가와 지자체에서 뽑힌 뛰어난 팀이며, 우리가 하는 것이야말로 지역재생의 비책이다'와 같이 착각하기 쉽다.

문제 ② : 폐쇄적인 심리성향

확실치 않은 정보를 어림잡아 해석하고 초기의 의사결정을 합리화하는 것을 가리킨다. 특히 '상대방'을 업신여긴 나머지 상대의 능력을 낮게 보는 경향이 있다. 상대의 리더를 악인이라고 딱지를 붙이거나 무능하다고 단정하거나 유형화하는 것이다. 결국 쇠퇴하는 지역에서는 '상대 도시' 혹은 '경합하는 상품·서비스'를 트집 잡기에 혈안이 되어, 자기들의 부정적인 정보에는 눈을 돌리지 않는다. 폐쇄적인 심리 때문이다.

문제 ③ : 동질성에 대한 압력

문제라 인식해도 말을 꺼내기 전에 몸부터 사린다. '만장일치원칙'에서는 아무도 진지한 반대 의견을 말하지 않으므로 사람들은 모두 그 계획을 지지한다고 착각한다. 게다가 반대 의견을 말해서 집중포화를 당하는 것보다 그 자리의 분위기를 헤치지 않는 것을 먼저 생각한다. 마지막에는 스스로 파수꾼이라 자처하는 사람이 나타나서 확실치 않은 정보나 반대 의견을 말하는 사람에게 압력을 가하는 일까지 일어난다.

집단의사결정의 이런 문제 때문에 모두가 모여서 논의한다 해도 좋은 결론을 도출하기 어렵다.

형식적인 워크숍은 그만하고 소수팀으로 도전하자

얼마 전 어느 지자체 책임자가 멋있는 책자를 가지고 찾아왔다. 그 지역의 30명 정도가 1년간 몇 번이나 모여서 워크숍을 하고 작성한 것이었다. 디자인이 잘되고 예쁜 표지에 참가자들의 캐리커처까지 인쇄돼 있었다. 거기에 1,500만 엔의 세금이 소비됐다고 한다.

모두의 의견이 모아졌다 해도 그것에 소요된 세금 이상의 구체적인 이익을 만들어내지 못한다면, 그것은 어떤 쓸모가 있을까? 유감스럽게도 그 지자체에는 아무런 변화도 일어나지 않았다. 역시 그들이 낸 결론에는 많은 문제가 포함되어 있었다. 함께 논의하고 합의했다고 해서 지역을 구할 수 있는 것은 아니다.

지역 활성화를 위해서는 책임지지 않는 100명의 의견보다 행동하는 1명의 각오가 더 소중하다. 작은 팀이 자체적으로 활동할 때에는 합의형성에 일일이 신경 쓸 필요 없이, '쇠퇴의 요인을 찾아내고 문제를 해결하기 위해 시행착오라도 계속 시도하자'라는 분위기를 만드는 것이 중요하다.

작은 활동은 실패해도 지역에 미치는 영향도 작다. 이것저것 해보고 성과를 축적하는 것이 정답이다. 해답은 해 보지 않으면 알 수 없다. 처음에 모두의 동의를 얻지 않아도 성과가 나오면 뜻을 같이 하는 사람이 늘어난다. 합의형성은 처음에 하는 것이 아니라 결과를 가지고 하는 것이다.

이처럼 집단의사결정에는 항상 함정이 도사리고 있다.

단순히 합의형성 자체만을 중시해 모두가 합의하면 지역 활동이 좋아진다는 생각은 버리자. 논의와 조정만 하고 도전하는 사람들을 짓누르는 것이 아니라 도전하는 사람을 존중해야 한다. 그것부터 시작하면 지역 활동은 비약적으로 좋아질 것이다.

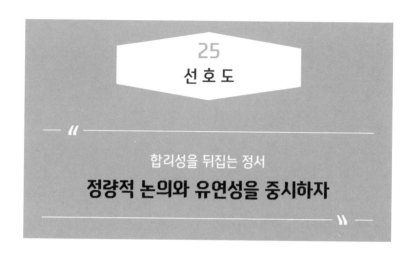

합리성을 뒤집는 정서
정량적 논의와 유연성을 중시하자

합리적 시각으로 논의해도 '집단의사결정의 함정'에 빠질 수 있다. 잘못된 의사결정을 할 때는 합리적인 관점마저 잃어버리는 경우가 종종 있다. 개인의 입장에서는 단순히 '인간이니까'라고 말하면 그만이다. 그러나 잘못된 조직적 의사결정은 그것을 결정한 사람들뿐만 아니라 의사결정에 관여하지 않은 지역 주민에게도 나쁜 영향을 끼친다.

지금도 지역에서는 역 주변에 상업시설을 거대하게 재개발하거나, 재정이 어렵다고 하면서도 호화롭게 청사를 재건축하거나, 교부금으로 프리미엄 상품권을 나눠줘서 자본이 도쿄로 흘러나가는 일들이 진행되고 있다. 나중에 보면 '왜 이런 나쁜 계획을…'이라고 여겨지는 바보 같은 상황이 비일비재하다.

그 이면에는 합리적인 논의마저 없이 '선호도'로 의사결정이 이뤄지는 근본적인 문제가 있다.

잘못된 의사결정에는 반드시 선호도가 있다

신국립경기장의 경우에서 알 수 있듯이 결정이 여러 번 뒤집히는 어이없는 의사결정은 정부와 대기업에서도 항상 일어난다. 왜 이런 일이 자주 일어날까? 그것은 논리적인 의사결정보다도 정서적인 의사결정이 여전히 존중되는 환경 때문이다. 이것은 대도시보다 지연과 혈연의 유대감이 더 강한 지방에서 일어나기 쉽다.

내가 상점가 활성화에 참여하면서 가장 놀란 것 중 하나는 "쟤 할아버지가 우리 가게를 방해했다"와 같이 '세대에 걸친 원한'이 계승되고 있다는 것이다. 개인적인 인연으로만 생각하면 그나마 다행이지만 공적인 입장에서 이해조정 역할을 수행하는 상점회장 등의 리더조차도 개인적으로 사람의 좋고 싫음으로 의사결정을 바꾸는 것에 상당히 놀랐다. 이렇게 지역 활동에서는 상대의 활동만을 보는 것이 아니라 발언한 사람의 좋고 싫음에 따라 찬반이 결정된다.

절대로 이익을 낼 수 없을 것 같은 제안에도 "저 사람이 말하면 어쩔 수 없다. 시켜 보자"라는 식으로 승인되거나, 반대로 모처럼 유익한 제안이어도 "저 사람은 지난번에 내 제안에 반대했기 때문에 절대 반대"라는 식이다. 좋아하기 때문에 '좋다/찬성', 싫어하기 때문에 '나쁘다/반대'가 되어 사실 어느 쪽이든 힘들다. 이러한 정서적 의사결정으로 인해 실패했을 때도 '인간이기 때문에 어쩔 수 없다'라며 관대하게 평가하는 사람이 꽤 많다. 잘못된 의사결정에 대해 반성하지 않기 때문에 몇 번이나 유사한 잘못이 반복되고 있는 것이다.

논리적 반증을 허용하지 않는 분위기가 형성되면 실패한다

좋고 싫음으로 찬성 반대를 정하는 것보다 더욱 곤란한 것은 '동조하는 그룹'에 속해 다른 관점의 논리적 반증마저도 허용하지 않게 된다는 것이다. 무슨 일이든지 정서적으로 받아들이기 때문에 데이터를 근거로 한 논의마저 반대로만 받아들인다. 지역 활성화 계획이 확실한지 혹은 터무니없는 계획인지는 데이터를 근거로 논의하면 바로 알 수 있는데도 '마을만들기는 돈이 중요한 것이 아니다'와 같이 이상한 정신 승리를 앞세워 논리적 반증조차도 무시한다.

사실 터무니없는 계획들은 사전에 데이터를 통해 논리적으로 검증해 보면 불가능성을 충분히 판단할 수 있다. 재개발지구의 빌딩건설 계획에서 매월 빌딩 운영에 드는 고정비용은 아주 비싸고 입주자에게 받는 임대료는 지역 시세와 크게 차이가 나는 경우도 있다. 이렇게 되면 계획 단계에서 입주자가 모이지 않을 가능성이 높고 적자가 될 가능성이 농후하다. 그럼에도 재개발이 결정돼 진행되기도 한다.

또 최근 지자체에서 유행하는 도서관도 터무니없는 계획이 되기 쉽다. 지자체의 재정력은 도서구입 비용 조차도 마련하기 어려운 상황인데 고급 도서관을 계획하는 경우도 있다. 데이터로 보면 지속가능 여부를 판단할 수 있다. 그러나 데이터를 근거로 문제를 제기하면, "활성화를 방해한다"라든가, "부정적인 의견만 내지 말고 어떻게 할 수 있는지 제안하라"며 더이상 회의에도 참석하지 못하게 한다. 그 결과, 논리적인 사람일수록 지역의 의사결정에 관여하지 않게 되고 때로는 지역을 떠나기도 한다. 최종에는 점점 동조성이 높아지고 다른 의견이 나오지 않는 기세등등한 계획만 폭주하게 된다.

아부하는 컨설턴트와 일하지 말라

지역 활성화 사업에서는 외부 전문가와의 협력은 당연하다. 그런데 이것도 수상하게 흘러간다. 지역 외부의 인재를 선정하는 데도 정서가 토대가 된다. "저 사람은 우리 지역에 자주 오고, 지역 참가자로부터 평판이 좋고, 말이 통하는 사람"이라는 이유로 결정되기도 한다.

'아부하는 컨설턴트'들은 이러한 지역 정서를 마음대로 조종해서 지역에 관여한다. "이 마을은 전국에서 가장 아름다운 ○○이 있다", "이 마을은 세계에서도 유수한 ○○이 있다"는 아름다운 스토리를 늘어놓으며 지역주민들의 흥미를 불러일으킨다. 이처럼 '확실한 근거는 없지만 그렇다고 거짓말이라고도 할 수 없는' 정서적인 언행은 지역의 의사결정에 관여하는 대표자들도 좋아한다는 것을 그들은 잘 알고 있다. 지역의 정서를 의사결정에 이용할 줄 아는 컨설턴트는 분위기를 파악하고 배려하고 또 배려하면서 일을 진행하지만 이런 사람들에게 맡기면 당연히 사업성과는 나오지 않는다. 사업성과를 내는 것보다 모두가 마음에 드는 쪽으로 사업을 진행하기 때문이다. 실패해도 손해를 보는 것은 아니기에 사실 그들의 비즈니스 관점에서는 합리적이다.

쇠퇴지역의 과제는 다른 지역과의 경쟁이다. 지역 내에서 정서적으로 지지를 받는다고 해서 좋아지는 것은 아무것도 없다. 컨설턴트가 엄격하게 의견을 제시하면 지역에서 선택받지 못하기 때문에 가능하면 정서적인 내용으로 아부하는 것이 이들에게는 더 이득일 수 있다. 결과적으로 성과를 내지 못하는 '편한 자문위원이나 컨설팅 회사'에게 지역의 귀중한 예산을 맡기게 되므로 지역은 점점 더 쇠퇴하게 된다.

이렇듯 정서적인 의사결정이 기본이 되면, '터무니없는 계획 수립 → 논리적 반증(검토) 없음 → 지역정서를 이용하는 외부인들이 모여듦 → 계획은 착착 진행, 그러나 누구도 멈출 수 없게

됨'이라는 프로세스로 진행된다. 실패에 대해서는 누구도 책임
지지 않는다.

선호도로 폭주하는 지역을 멈추게 하는 방법은 무엇일까

그럼 이런 폭주를 멈추기 위한 방법은 무엇일까? 이를 위해
서는 지역 활성화 계획에 대해 '초기 단계'에서 데이터에 근거
한 논의와 유연성을 확보하는 것이 중요하다. 인간이기에 정서
를 완전히 배제하기는 어렵다. 그러나 하다못해 논리적·정량
적인 논의를 정기적으로 하는 것만으로도 폭주를 멈추게 할 수
있다. 지역 활성화 사업 관계자가 제안하는 의견도 단순한 감
상은 안 되고 수치에 기반한 내용이어야 한다. 또한 제안된 의
견도 수치로 치환해서 검증해 보면 그것의 가능성 여부를 판단
할 수 있다.

도서관 구상을 함께 논의해 계획을 정리한다고 하자. 그것
을 위해서 얼마의 예산이 필요하고 유지비용은 얼마나 드는
지, 1권당 대출 비용은 얼마이고, 1가구당 부담은 얼마인지, 시
설 유지비용은 얼마나 들고, 도서구입 비용은 어느 정도가 되
는지 등 수치로 정리해 보면 논의의 완성도가 높아진다. 정서
를 우선해서 희망적인 예측을 근거로 작위적인 수치를 제시하
면 아무런 의미가 없다. 이때는 일부러 더 비판적으로 하는 것

이 중요하다.

무슨 일이든 일관성보다 '유연성'을 우선할 것을 처음부터 확실히 해야 한다. 초기 단계보다 진행된 후에 정보가 모이고 분석도 완성도가 높아지기 때문에 변경되는 것은 당연하다. 그러므로 '근본적인 변경에 대한 정기적인 검토'를 초기 단계에 명확히 해야 한다. 그렇지 않으면 개인의 체면과 인간적 관계를 이유로 '초기의 무리한 계획'에 대한 변경은 실행되기 어렵다. 결국 '중단이 불가능한 시기'에 이르러서는 '여기까지 왔으니 어쩔 수 없다. 그냥 해 버리자'로 결론이 내려져 결국 터무니없는 계획임에도 계속 진행된다.

'데이터에 근거한 논의'와 '유연성 확보'를 규칙으로 확실하게 정해도 거북하게 생각하는 사람이 적지 않다. 그래서 이 규칙을 그때 그때 확인하고 진행하는 것은 리더에게 대단히 고독한 일이다. 그러나 지역 프로젝트를 책임지는 리더는 그 고독과 마주할 필요가 있다.

정서에 맡기고 내부 분위기가 고조되어 프로젝트가 실패해도 그냥 서로의 상처를 위로해주는 '단짝 동호회'로는 지역을 바꿀 수 없다. 가령 자신이 손해를 보는 경우에도 '안 되는 것은 안 된다'고 저지하고 수정해야 할 것은 수정해야 한다.

그것이 정말 고향을 사랑하는 것이 아닐까?

26
하향식 전달체계

"

시대에 뒤떨어진 정부와 변하지 않는 지방의 계급구조
분권으로 정보와 실행의 흐름을 바꾸자

"

조직 문제는 단지 한 조직 내부에서만 발생하는 것이 아니라 '조직과 조직을 연결하는 구조'가 원인이 되는 경우도 있다.

조직 간에는 상대적인 순서와 계급이 존재한다. 문제는 사회 전체가 진보했음에도 과거의 계급이 여전히 남아 있어서 말도 안 되는 전달방식을 강요하고 조직적인 의사결정을 비효율적이고 불명확하게 한다는 것이다. 그 대표적인 것이 '중앙정부(각 부처)-도도부현(광역자치단체)-시정촌(기초자치단체)'이란 계급단계다. 그래서 현청 소재지를 '메이지 유신 권력'이라 농담으로 말하기도 한다.

인터넷도 고속도로도 신칸센도 없었던 시대에 메이지 유신 정부가 수립한 '도도부현-시정촌'이란 피라미드 구조를 통해 기본 정보를 수집하고, 그 정보에 기반해 정책을 세우고, 도도부현-시정촌을 거쳐 민간이 실천하는 방식이었다.

그런데 이런 체계는 지금 시대에는 비효율의 극치다. 빠르게 세분화되고 심각해지는 현재의 직면한 과제를 과거의 방식과 구조를 가지고 해결하는 것이 얼마나 가능할까?

붕괴되고 있는 도도부현 단위의 사회구조

각 도도부현 단위에 행정거점을 두고 사회를 관리하는 장치는 사실상 붕괴하고 있다.

도도부현의 현청소재지에는 관청뿐만 아니라 민간기업의 지점과 영업소 등 핵심시설들이 들어서 있다. 행정도 산업도 거기에 집중됨으로써 현청소재지가 도도부현의 명실상부한 중심부가 된 시대가 있었다.

그러나 1970년 이후 중심부에 있던 현청과 시청이 교외로 이전되고 신칸센과 고속도로가 개통돼 '민간기업 지점 등은 여러 도도부현에 하나씩'이란 방식으로 통폐합되고 있다. 현청소재지가 사실상 지역을 관할하는 장소로써 지역 중심부라는 의미가 사라지고 있는 것이다. 예를 들면 야마가타 시는 고속도로로 인해 완전히 센다이 시 경제에 편입됐다.

이렇듯 47개 도도부현 모두 행정거점 근처에 민간기업이 지점과 영업소를 두는 시대는 이미 끝나가고 있다. 이는 도호쿠

(동북) 지역에서 시작돼 전국적으로 퍼져나간 현상이다. 실제로 규슈는 후쿠오카 시에, 추부(중부)는 나고야 시에 업무기능과 상권이 집중되고 있다. 정부 파견기관마저 홋카이도, 도호쿠, 간토 고신에츠, 추부에 하나씩 배치돼 있기에 실질적으로 도도부현 단위로 할 수 있는 일은 점점 적어지고 있다. 게다가 인터넷 등장으로 도도부현의 경제권 통폐합도 가속화되고 있어서 옛날 구조를 답습해 정책을 실행하는 것은 이제 한계에 봉착했다.

정보수집은 삼중고, 정확한 정책 입안도 불가능

한계에 봉착했다는 것은 '정보 수집'과 '사업 실행' 양쪽 모두에서다. 활성화 사업에서 성과를 올리는 것은 대부분 민간이다. 정부가 정보를 수집할 때에는 도도부현과 정부 파견기관에 지방의 좋은 사례를 알려달라고 요청한다. 도도부현은 시정촌에 요청하고 시정촌은 평소 보조금을 주던 지역 민간단체에 요청한다. 정부 파견기관도 과거 보조금 지급 실적이 있는 민간단체에 요청한다. 그리고 이렇게 모여진 정보를 이번에는 거꾸로 위(도도부현과 중앙정부)로 올려 보낸다.

이런 전달체계에는 3가지 문제가 있다.

문제 1 : 편견이나 왜곡된 정보의 전달

우선 이런 전달체계를 통한 정보는 명확하게 내용이 전달되지 않는다는 것이다. 실천가가 아닌 공무원의 선입견이 들어가기에 사례 개요와 분석에 대한 편견이나 왜곡이 생긴다. 그리고 두 번 세 번 행정절차를 거치며 반복되는 와중에 최종적으로 위에 도착했을 때에는 …?!, 제대로 전달되지 않는다는 것을 충분히 짐작할 수 있다. 그래서 실제로 '그게 아니잖아'라는 경우가 발생한다. 본인은 본 적도 들은 적도 없는 것을 다른 사람에게서 들은 정보만으로 자료가 제대로 만들어질 리 만무하다.

문제 2 : 민간단체 활동에 대한 이해 부족

두 번째 문제는 도도부현도 시정촌도 정부 파견기관도 '보조금을 받지 않는 민간단체의 활동에 대해서는 모른다'는 현실이다. 실제로 '상점가 성공사례 ○○선'이란 것을 정부가 기획해서 작성했을 때도 도도부현 · 시정촌 · 정부 파견기관 등이 조사했는데 놀랍게도 보조금을 받는 활동뿐이었다. 행정은 보조금을 받는 민간과는 접점이 있지만, 보조금 없이 성과를 거두는 사람들과는 접점이 없다.

문제 3 : 실패한 정보의 단절

세 번째로 가장 문제인 것은 '실패한 정보'는 전해지지 않는다는 것이다. 전달하는 쪽은 자기들이 손해가 되는 정보는 당연히 위로 올리지 않는다. 민간도, 시정촌도, 도도부현도, 정부 파견기관조차도 마찬가지다. 결국은 보조금을 사용해서 성과가 생긴 것처럼 보이는 적당한 사례만 수집하는 셈이다.

2015년 9월 9일, 정부의 '마을 · 사람 · 일자리 창생본부'가 당시 아베 총리의 지시로 각 부처에 지금까지의 지역재생 관련 실패 사례를 요청했다. 놀랍게도 과거 정책의 실패 사례는 '제로'였다. 모든 부처가 "실패한 것은 없었다"고 회답한 것이다. 사실 "이것은 실패작이었다고 말하기는 어렵다"고 이시바 지방창생 장관(당시)도 인정했지만 문제는 이렇듯 자신들에게 편한 정보만 수집되고 안 좋은 정보는 외면하고 있다. 실제로 기록으로도 남겨지지 않아 사라지고 있는 것이다.

그래서인지 2015년에 사단법인 AIA가 중심시가지 활성화의 실패 사례를 정리한 《이 마을 저 마을의 실패 사례집 '묘비명 시리즈'》는 대단한 반향을 일으켰다. 그중에서도 놀라운 것은 재무성 회계국의 회계관이 이 리포트를 읽고 "우리가 세운 예산이 이렇게 낭비되고 있는지 몰랐다"라고 말한 것이다. 메이지 유신 이래의 계급구조로는 지방의 실태가 가스미가세키*에 도달하지 않고 있으며 그래서 정확한 정책 입안이 불가능하다는 것을 실감했던 때였다.

---

* 일본 중앙부처가 모여 있는 구역. 우리나라의 경우(지금은 중앙부처가 세종시에 모여 있지만) 상징적 의미로 보자면 정부청사가 있는 '광화문' 정도로 해석될 수 있다.

옛 틀이 아닌 현 실태에 기인한 생각

　이런 상황에서 만들어진 정책에 편승하면 어떻게 될지는 말할 필요도 없다. 지방창생 정책이 일제히 실패한 배경을 보면 개별 사업내용을 언급하기 전에, 정부의 전달체계에 기반한 정책 생산과 위에서 아래로 내려가는 예산 방식으로 성과를 창출한다는 것 자체가 문제다.

　사실 지역에서는 민간이 농업, 임업, 어업, 지방 중심부 재생 등을 포함한 다양한 분야에서 새로운 방식의 활동을 통해 성과를 거두고 있다. 이것을 정책에 활용하기 위해서는 정부가 직접 지역사업을 추진하거나 혹은 지방이 자유롭게 사업할 수 있는 권한을 주는 것 외에는 달리 방법이 없다.

　마을 · 사람 · 일자리 창생법, 중앙정부 · 도도부현 · 시정촌의 각 기본전략에 의한 하향식 실행방식으로는 상황은 더 이상 개선되지 않는다. 지금까지의 이런 하향식 전달체계에서 벗어나, 이제는 선진적인 민간 활동에 근거한 가벼운 조직체계로 변화돼야 한다. 가벼운 조직이 민첩하게 움직이는 것이 지역 과제 해결의 지름길이다.

27
경직된 계획행정

"

모두가 열심히 하는데 쇠퇴는 왜 계속될까

잘못된 목표는 과감하게 버리자

"

사업이 엉뚱한 결론을 도출하는 또 다른 이유는 '계획만 잘 세우면 성공한다'라는 믿음 때문이다. 그래서 조사와 계획에 온 힘을 쏟아붓고 계획대로 실행하면 된다고 주장한다. 그러다가 실행과정에서 무언가 어그러지면 계획을 세웠던 팀은 해체되고 새로운 다른 팀이 투입돼 사업을 맡기도 한다.

계획을 세우고 실행하는 것은 당연하다. 그런데 계획을 세우고 실행하면 모두 다 성공할까? 계획을 세우는 단계에서 검토할 수 있는 내용과 수준은 어느 정도일까? 실행해 보지도 않은 단계에서 계획을 세운다는 것 자체가 괜찮은 것일까? 계획을 세우는 행위를 너무나 당연하게 여기는 환경에서 우리는 이것을 너무 간단하게 생각하는 것은 아닐까?

계획하고 관리하는데도 성과가 없는 현실

지금까지 지역 활성화 사업은 모두 행정이 중심이 되어 진행 돼왔다. '지방이 세우는 종합전략'이라는 지방창생에서도 기본 계획의 방향, 평가 지침과 추진방식, 그리고 유지관리까지 모 두 중앙의 행정에서 결정한다. 중앙행정에서 결정한 이런 사항 들이 전국 모든 지방에 동일하게 적용된다. 내용 자체가 잘못 된 것은 없다. 그래서 대부분 잘 따른다. 그런데 결국 대부분이 실패로 끝난다.

전국 각지의 도시 중심부 재생 사업 과정을 보면, 먼저 지방 에서 목표를 포함한 기본계획을 세우고 그것을 중앙정부의 관 점에서 점검하고 그에 맞춰 사업예산을 붙인다. 그리고 목표 달 성을 검토하고 이를 공개도 한다. 언뜻 보면 완벽한 과정처럼 보인다. 그러나 유감스럽게도 지방도시 중심부가 이 기본계획 에 맞춰 제대로 성과를 올린 사례는 거의 없다.

'아무것도 관리하지 않고, 성과 같은 것은 무시하면서 사업을 추진했기 때문에 쇠퇴하고 있다'라면 오히려 문제는 덜 심각하 다. 왜냐하면 이런 것들을 좀 더 명확하게 개선하면 성과가 나 올 수 있기 때문이다. 그러나 모두가 계획을 세우고 목표를 관 리하고 개선하고 있음에도 지역은 점점 쇠퇴해 가고 있다. 지역 활성화 분야에 분명히 뭔가 심각한 문제가 있는 것이다.

성과를 가로막는 '3가지 실수'

제대로 하는데도 왜 성과가 없을까? 그것은 대부분 다음 '3가지 실수' 때문이다.

실수 1 : '대증요법'밖에 되지 않는 전략과 계획

전략이나 계획을 세울 때 목표 설정과 현황에 대한 인식은 매우 중요하다. 향후 이뤄내야 할 목표와 현재의 인식을 접합해 전략을 짜내야 하기 때문이다. 그러나 실패하는 사업 대부분은 목표가 애매하고 현재 '겉으로 나타난 현상만'을 '문제'로 설정한다. 당장 눈앞에 보이는 문제에 대한 대응을 전략과 계획이라 믿는 것이다.

지방창생에서 다루는 인구정책이 대표적이다. 예전에는 인구증가가 사회문제라며 억제 정책을 내놓더니 이제는 인구감소가 사회문제가 됐다. 사실 인구가 증가하거나 감소하는 현상은 언제든 발생한다. 그래서 지역을 경영할 때에는 그 증감에 어떻게 대응할 것인가가 중요하다. 당연하지만 20년 후의 성인 인구는 올해 태어난 아이의 수로 결정된다. 인구감소 시대에는 경쟁적으로 이웃지역의 인구를 아무리 빼앗아 와도 국가 총량은 감소된다. 따라서 인구가 감소하는 20년 후에 '어떻게 하면 파탄나지 않고 지속가능 사회를 만들까'를 계획의 근본에 두어야 한다.

그런데 지금 당장 인구가 감소하다 보니 어떻게 하면 당장 늘릴 것인가에 온 에너지를 쏟고 있으며, '돈으로 사람을 낚기 위한 사업예산 획득 경쟁'이 전략과 계획이라 불리고 있다.

결국은 임시방편적 계획이나 전략을 세우기 때문에 문제가 해소되지 않고 계속적으로 분출되는 것이다. 더군다나 문제에 대한 처방도 통합적이지 않고 부분적인 대증요법적 방식으로 대응하기 때문에 문제가 해결되지 않고 있다. 이제까지의 지방 정책은 산업입지 재생, 중심시가지 재생, 지역재생, 도시재생, 농촌재생 등 각각을 부분적으로 다루면서, 제대로 진행되지 못했던 것을 만회하기 위한 계획을 수립해 왔다. 그러니 성과가 나타나지 않는 것이다. 한마디로 전략이나 계획도 아닌 것을 세우면서 마치 그것을 전략과 계획이라 부르는 첫 단계에서 이미 실패한 것이다.

실수 2 : 달성해도 무의미한 '목표 설정'을 나홀로 추진

앞서 지적한 바와 같이 '잘못된 전략과 계획'을 토대로 목표가 설정되고 있다. 비극이다. 더군다나 정량적 목표 등을 제시하면 어쩐지 제대로 된 것처럼 보이기 때문에 더더욱 곤란하다.

예를 들면 지방도시의 중심시가지 쇠퇴에서도 거주자 감소가 주요 문제로 여겨진다. 사람들의 선택에 따라 장소에 우열이 생기는 것은 당연한 현상인데 왠지 중심부에도 거주자를 증가시켜야 할 것 같다. 그러다 보니 전체 인구가 40만-50만 명 정도의 도시에, 불과 800명 정도의 거주자를 중심부에 모으기 위해 도로나 광장, 역과 같은 사회간접자본 정비, 맨션 재개발, 공공시설 정비를 위해 100억 엔 규모의 예산이 투입되기도 한다. 문제는 그 목표조차 달성되지 못하는 안타까운 현실이다. 이런 사례들은 어느 특정 지역에만 해당하는 것이 아니라 규모에 관계 없이 어디에서든지 나타나고 있다.

어느 정도의 사업비로 무엇을 달성할 것인가라는 비용대비 효과가 지역 활성화 분야에서는 거의 검토되지 않는다. 때로는 잘못된 정량적 목표를 달성하기 위해 기존의 규정 등은 무시하고 정량적 목표 달성에만 매몰되는 경향도 있다. 문제는 이런 목표를 달성한다 한들 원래 목표가 잘못됐기에 가시적인 성과는 발생하지 않는다. 안타까운 일이다.

실수 3 : 근본적인 문제 제기 없는 개선

계획을 세웠는데 잘못된 목표조차 달성하지 못하면 어떻게 될까? 많은 경우 목표 자체가 잘못됐을 가능성은 검토하지 않고 추진방식이나 예산 부족 때문이라 한다. 처음에 세운 전략이나 계획, 혹은 목표 설정이 잘못된 것은 아닐지 생각하지 못한다. 그래서 목표 달성을 위해 더 대담하게 사업을 변경하고 더 막대한 예산을 투입한다.

사실 팽창사회에서 수축사회로 전환되고 있기에 기존 전략과 계획을 근본적으로 의심하고 틀을 변경하지 않으면 전환은 불가능해진다. 수축사회에서는 팽창사회 시대의 전제인 '증가만이 문제를 해결한다'는 발상 자체에 문제를 제기하고, '선행 투자가 많아지면 역전할 수 있다'는 환상을 버려야 한다.

새로운 시대에는 지금의 상황에서 확보 가능한 수요를 미리 확정하고 그에 맞춰 시설이나 서비스 규모를 결정해야 한다. 초기 투자는 '보조금을 받고 끝'이 아니라 적자가 되지 않도록 투자 횟수를 고려한 확실한 전략과 계획을 세워야 한다.

목표 설정에 있어서는 '양'만이 기준이 아니라 '1인당' 단위나 효율의 관점도 필요하다. 그런데 근본부터 개선돼야 한다는 사고의 변화 없이, 공허한 목표를 달성하기 위한 정책 개선이란 좁은 관점에서 여전히 'PDCA 사이클'이 적용되고 있다.

잘못된 목표 달성을 강요당하며 피폐해지는 현장

지금까지의 전략 선택, 목표 설정 그리고 그 목표를 달성하기 위한 개선은 대개 의사결정자에게 발생할 수 있는 오류다. 지자체나 기업이나 마찬가지로 경영진이 잘못된 의사결정을 하면 가장 부담이 되는 곳은 현장이다. 많은 지방 정책에서 현장 지자체 공무원 등은 '이런 일을 해도 마을이 개선되지 않는다'는 점을 잘 알고 있다. 그러면서도 정치가, 지자체장, 고위 공무원, 때로는 지자체 퇴직공무원 등이 관여한 대증요법적인 예산사업을 어쩔 수 없이 수행하고 있다.

처음부터 무리한 게임을 벌려가면서 일을 반복하면 현장은 그야말로 마비가 된다. 현장 마비의 결과는 무력감이나 무엇을 해도 안 된다는 부정적인 마인드로 나타난다. 그렇게 되면 지역 활성화 사업 자체가 의욕과 즐거움은 찾아볼 수 없고, 울며 겨자 먹기 식으로 어쩔 수 없이 해야 하는 사업이 된다. 목표는 달성되지 않는데 예산 투입은 계속 확대되는 악조건이 반복된다.

지역 발전을 위해 문제를 기회로 전환

이런 악순환에 빠져있는 지역들이 벗어날 방법이 있기는 한 것일까. 중요한 것은 실패에 지배되어 멈추거나 포기하지 않는 것이다. 지역 활성화나 재생 사업을 할 때 우리는 어떠한 가혹한 상황에서도 불사조처럼 일어서서 진지하게 대면하는 '열정적인 사람들'이 지역에 많이 있다는 것을 알고 있다.

행정 구조를 단번에 바꾸는 것에 힘을 쏟기보다, 행정 계획과는 별로 관계없는 지역재생 활동 등을 민간이 수행하면, 이런 활동을 시민의 한 사람으로서 공무원이 지지하고, 그것이 성과를 거두면서 지자체를 움직이고 행정 전략으로 반영되는 경우도 많다.

삿포로 오도리 지구가 대표적인 사례다. 이 지구는 통행량 감소를 문제 삼지 않고 오히려 비어 있는 도로 공간을 사용해 '오도리 착석 테라스(大通すわろうテラス)'를 운영하고 있다. 고

치 현 시만토초의 민간활동도 좋은 사례다. 산이 황폐화되는 것을 한탄하거나 침하교를 개축하는 현대화 계획에 휘둘리지 않고, 밤을 이용해 상품 시장을 개척하고, 최근에는 밤나무 숲 조성과 함께 침하교 자체도 관광자원으로 활용하고 있다. 여기에 자립한 민간은 '이익창출'을 심도 있게 고민하고, 마을에 새로운 변화를 일으키려는 행정은 규제완화 등의 권한을 행사하고, 때로는 공무원이 자원봉사로 협력하면서 지역맞춤형 사업을 만들어내고 있다.

전략의 문제는 전술로 극복할 수 없다는 말이 있다. 그렇다고 해서 문제 있는 지역에서 지자체가 내세우는 전략을 반드시 따라야 할 필요도 없다. 잘못된 전략도 있기 때문이다. 전략이 분명히 잘못됐다면 지자체의 방침과는 다른 방식이나 선택사항을 강구할 필요도 있다. 우리 지자체는 안 된다고 아무리 한탄해도 변하는 것은 없다. 처음에는 어려울지도 모르지만 오히려 지자체의 전략을 완전히 무시해서라도 자체적으로 필요한 방식으로 작게 시작해 실적을 쌓다 보면 그것이 변화로 연결된다.

'지역 활성화를 위한 좋은 아이디어는 없을까?'는 단골 질문이다. 지역은 늘 아이디어에 목말라 있다. 지역에서 필요한 아이디어는 단순히 즉흥적으로 떠오르는 것이 아니다. 사업을 추진하면서 작게라도 소소하게 실천이 누적되면서 생기는 지혜가 필요하다. 실제로 지역을 변화시키는 사람은 기발한 제안을 하는 아이디어맨이 아니라 과제를 하나씩 해결해가면서 성과를 거두는 사람이다.

그러나 지역 활성화를 위해 노력해도 성과가 없는 조직들은 아이디어가 없어 실패했다고 생각해 새로운 아이디어만을 찾는다. 그런데 기발한 아이디어가 주어졌을 때는 오히려 실행 프로세스가 치밀하지 않아 결과적으로 조직이 피폐해지고 프로젝트가 좌절된 경우가 많다.

실제로 지역에서 성과를 내는 경우를 보면, 아이디어의 신선함보다는 현실성 있는 프로세스가 오히려 중요하다는 것을 증명하고 있다. 여기에서는 제대로 이해하지도 못하는 아이디어를 계속해서 제안하는 실천력 없는 아이디어맨에 의해 현장이 어떻게 소모되는지에 대해 이야기한다.

부정도 제약도 고려하지 않는 소모적 회의

"비판하지 말고 아이디어를 내 보자", "지금은 브레인스토밍이니까 위축되지 말고 의견을 내 보자"라며 아이디어 회의에 방대한 시간을 들이는 사람이 있다. 사실 비판이나 평가가 없으면 발언하는 쪽도 운영하는 쪽도 마음은 편하다.

그러나 실제로 지역과 현장에서는 '다양한 사람들로부터 다양한 질문'이나 '미처 생각지도 못했던 다각적인 관점에서 의문'이 쏟아져 복잡하게 얽혀 있는 실타래를 풀듯이 프로젝트를 진행해 가야 한다. 제약이 없는 사회란 없다. 그래서 실제로는 사업비나 인간관계 등 복잡한 제약조건을 돌파하는 방법을 찾아야 하는 것이 현실이다.

문제는 이런 아이디어만을 내는 회의에 현장에서 고군분투하는 실천가가 참여하여 말려드는 것이다. 현장 활동가 입장에서는 실천 없는 사람들의 회의에 의견 제출만을 위한 참여는 거의 의미가 없다. 사업수행에 필요한 시간만 소모될 뿐이다.

최근에는 아이디어 제안 자체를 예산형 이벤트로 개최하는 사례도 있다. 실천이 확보되지 않는 아이디어를 내는 데 지역 주민들의 역량이 소모되고 있다. 무엇보다 "아이디어를 제안해 보자"고 속 편하게 말하는 사람이 오히려 아무런 아이디어도 없다는 웃지 못할 상황도 있다.

당연히 아이디어 없는 사람들이 개최하는 회의에 오는 사람들도 역시나 괜찮은 아이디어를 갖고 있지 않다. 무엇보다 이런 모임에 참가하는 사람들은 스스로 실천하지 않는 경우가 많아서, 도출된 아이디어도 어디선가 보고 들었을 것 같은 사례를 베낀 것일 뿐이다. 그래도 자기들끼리는 분위기가 고조된다.

더욱 심각한 문제는 자기들끼리 떠들썩하게 '베낀 듯한 아이디어' 행사를 자기들 예산이 아니라 공공기관 예산으로 개최한다는 것이다. 앞서 몇 번이나 지적했듯이, 예산 의존형 사업방식으로는 성과가 나오지 않고 지속되지도 않으며 일정 시기가 지나면 슬그머니 사라진다. 게다가 남의 돈으로 한 일이니 실패를 해도 반성도 평가도 어느 것 하나 제대로 이뤄지지 않는다.

이 지역에 적용하기에 너무 성급했다, 타이밍이 나빴다, 다른 사람에게 방해를 받았다 등과 같은 변명만 늘어놓는다. 실제로는 별 창의적인 아이디어도 아니면서 엄격하게 검토하지도 않은 채 예산에만 의존한 실천력 부족이 실패의 본질인데도 거기에는 관심을 갖지 않는다.

속 편한 아이디어맨의 특징

속 편한 아이디어맨들은 아이디어를 평가할 때 이상한 관점을 갖고 있다.

특징 1 : '신규'라는 새로움만을 추구한다.

속 편한 아이디어맨은 새롭다는 것만 평가한다. 그러나 중요한 것은 새것이냐 오래된 것이냐가 아니다. 지역 과제를 해결할 수 있는 것인지, 지역의 장래 성장에 기여하는 내용인지를 구분하는 것이 훨씬 중요하다. 별로 새롭지 않아도 꼭 필요한 소소한 사업을 실행하는 것이 더 중요하다. 당연히 해야 할 일은 제대로 하지 않으면서 새로운 것만 추구하는 것은 무의미하다.

특징 2 : '~다운 아이디어'라는 제멋대로의 이미지를 강요한다

학생들에겐 '젊은이다운 아이디어', 여성들에겐 '여성스러운 아이디어'를 요구하기 쉽다. 그러나 정말로 지역에 필요한 것은 제안자의 속성에 따른 '○○다움' 등이 아니다. 지역에서는 제안자의 연령이나 성별과 같은 속성과 관계없이 평가하는 자세가 필요하다. ○○다움과 같이 제안자의 속성에 따른 아이디어는 아이디어를 수집하는 쪽의 편리성 추구라 할 수 있다.

특징 3 : '발표 기술'에 의한 감정적인 평가가 진행된다.

아이디어 내용이 아니라 감정에 호소하고 공감력 있는 발표에 쉽게 감동해 평가하는 경우가 많다. 아무리 프레젠테이션 기술이 좋고 공감대가 형성되더라도 결국 직접 실천할 각오가 없다면 그건 단순한 허풍에 불과하다.

그러나 실제 이런 관점에서 아이디어를 평가하기 때문에 현장과 지역에서 필요한 문제해결이나 엄격한 실천력이 요구되는 제안은 없다. 얕은 사고의 영역을 넘지 못하는 아이디어만 가득 차 있다.

실천과 실패에서 생겨난 진정한 지혜

정말로 지역에 필요한 것은 즉흥적인 아이디어가 아니다. 찬성하든 반대하든 조금씩이라도 계속적으로 실천하면서 다양한 제약조건을 해결해가는 결과를 성과라 할 수 있으며 그것이 중요하다. 그리고 무엇보다 실천에는 실패가 따르기 마련이다. 그 실패에서 배우고 재도전함으로써 실제로 지역이 안고 있는 문제를 해결할 수 있는 현실감 있는 '진짜 지혜'가 나온다.

회의실에서 모두가 칭찬하는 뜻 모를 아이디어 회의를 통해 지역이 재생된다면, 벌써 몇 십 년 전에 이미 재생이 완료됐을 것이다. 진정으로 지역 활성화 사업을 하는 사람은 현장에 집중하기 위해서라도 실천 없는 아이디어 회의에는 권유받아도 출석하지 않는 편이 상책이다.

처음에는 소소하고 바보 취급당하고 도중에 실수라도 하게 되면 사람들로부터 "거 봐라"하고 비난받기도 한다. 하지만 후에 성과가 나타나면 사람들의 평가는 확실히 달라진다. 한편 화려하고 새로운 아이디어라고 강력하게 제안했는데 어느 정도 시간이 지나도 별로 유익하지 않으면 그 사람의 평가는 바닥으로 떨어진다.

착실하고 견고하게 차근차근 성과를 쌓아가는 것 외에는 지역을 변화시킬 방법이 없다. 시행착오를 겪으면서 그 지역만이 가진 '독창적 지혜'를 만들어내는 것이 진정 지방에 필요한 것이다.

개인의 지혜를 활용한 가볍고 신속한 조직 운영

지역 활성화를 추진하는 조직들 간에도 다양한 '벽'이 만들어져 있다. 그런 벽을 지탱하는 것은 사람들이 '과거의 상식'에 박제되어 근본부터 다시 생각하지 않고, '원래 그런 것이니까'라는 고착화된 사고방식 때문이다.

계획을 해도 실제로는 정확히 알지 못하거나, 집단의사결정으로 오히려 배가 산으로 가듯 결정되거나, 계획하는 팀과 실행하는 팀이 다르거나, 새로움만을 요구하는 아이디어로 활로를 찾으려 하기에 현장이 피폐해지고 조직이 망가진다.

이런 실수는 지금까지 여러 번 있었다. 그런데 반성할 기회가 없었기에 똑같은 실수가 계속되고 있다. 실패는 책임소재를 따질 때만 필요한 것이 아니다. 과학적으로 과정을 검증하고 다시는 같은 잘못을 저지르지 않기 위해 활용돼야 한다.

그러나 조직 문제는 호들갑스럽게 해결해서는 안 된다고 배워왔기에 우리는 구조적으로 잘못을 반복하고 있는 것이다.

5장에서는 조직이 안고 있는 구조적 문제를 제시하면서 이에 대한 대응책도 제안했다. 우리 모두가 그것들을 인식해서 계획과 실행에 적용할 수 있다면 성공확률은 다소 높아질 것이다. 적어도 터무니없는 대실패를 사전에 방지할 수는 있다.

조직이 안고 있는 문제를 극복하는 것도 지역 활성화를 위해서는 필수적이다. 현명해야 할 개인들이 모여 잘못된 조직 운영을 한다면 지역은 언제까지나 활성화되지 않는다. 확실히 개인의 지혜를 살려 조직 문제를 해결하려는 행동이 필요하다.

01
- ☐ 계획단계에서는 '철수전략'에 대해 고려하지 않는다.
- ☐ '실패했을 경우'에 대해 말할 수 없는 분위기다.
- ☐ 철수보다도 미루는 쪽으로 고려한다.
  - ▶ 데이터와 기간에 근거해 명확한 '철수전략'을 마련하자.

02
- ☐ 계획 수립 등은 컨설턴트에 맡기고 있다.
- ☐ 성공사례와 같은 일을 보조금으로 하고 있다.
  - ▶ 스스로 판단하고 행동하는 자립주의를 관철하자.

03
- ☐ 지역의 모든 일은 '집단의사결정'을 최우선으로 한다.
- ☐ 현장에서의 반대를 신경질적으로 반응하는 것은 당연하다.
  - ▶ 집단의사결정은 초기에 하는 것이 아니라 결과를 가지고 이뤄진다는 것을 명심하자.

04
- ☐ 논리보다도 '선호도'로 의사결정을 하고 있다.
- ☐ 논리적 반증이 현실에는 의미가 없다고 생각한다.
- ☐ 지역을 칭찬하는 컨설턴트와 사업한다.
  - ▶ '정량적 논의'와 '유연성 확보'를 규정으로 만들자.

05
- ☐ 조직의 관료제에 따라 '하향식 전달체계'를 충실히 따르고 있다.
  - ▶ 지방분권으로 '현황을 제대로 파악할 수 있는' 조직을 만들자.

06
- ☐ 전략이나 계획이 지금 당장 직면한 과제 해결에 특화되어 있다.
- ☐ 목표 달성에 전념하고 있다.
- ☐ 근본적으로 문제를 제기해도 소용없으므로 생각하지 않는다.
  - ▶ 지자체의 잘못된 전략이나 목표를 무작정 따르기보다 필요한 것은 작게라도 시작하고 성장시키자.

07
- ☐ 아이디어는 새로움이 중요하다.
- ☐ '○○다운' 아이디어를 수집하기 위해 그룹 활동을 하고 있다.
- ☐ 멋있는 프레젠테이션 기술을 가진 사람이 필요하다.
  - ▶ 실천과 실패에서 진정한 지혜를 찾아내자.

맺음말

　얼마 전 스페인 바스크 자치주에 있는 산세바스티안 등을 방문했습니다. 미식의 도시로서 유럽 각지에서 뿐 아니라 전 세계에서 사람을 끌어들여 돈을 벌어들이는 도시입니다.

　이 도시에 발을 들여놓으면 관광을 통해 '이익을 창출'하는 것이 중요하지, 단순히 사람들이 많이 오기만 하면 되는 것이 아님을 알 수 있습니다.

　관광으로 돈을 벌기 위해서는 현지에서 돈을 쓰게 하고, 그 돈이 지역 내에서 순환하는 산업 구조가 만들어져야 합니다. 산세바스티안의 경우에는 음식업을 고도로 발전시켜 미식가들을 대상으로 했습니다. 인구 대비 〈미쉐린 가이드〉에 별이 붙어 있는 식당이 세계에서 가장 많고, 구시가지에는 많은 스페인식 바가 서로 경쟁하며 맛있는 핀초스를 제공합니다. 며칠이나 묵지 않으면 즐기지 못할 만큼의 숫자입니다.

　저도 3박을 했습니다만, 하루 10곳 이상 방문해도 부족했습니다. 이들 음식점에서는 비스케이 만에서 잡히는 물고기, 시 가지 뒤로 펼쳐진 밭에서 자란 채소, 평온하게 키운 현지의 소, 돼지, 가금류 등을 사용해 요리하고 있습니다. 음식업을 통한 이익 창출이 지역의 1차산업으로 순환돼 지역을 지탱하는 구조 를 형성해 지역 전체의 활성화로 이어지고 있습니다.

스페인은 일본과 비교하면 실업률도 높고 인프라도 매우 빈 약합니다. 산세바스티안 공항은 프로펠러기만 이착륙할 수 있 을 정도로 작고, 유럽 내에서도 이동이 불편하기 짝이 없습니 다. 울퉁불퉁한 도로도 많고 아름답다고 말하기 어려운 곳도 종 종 보입니다. 구시가지의 건물은 옛날 그대로로 내부만 고쳐서 식당으로 사용하고 있습니다.

그래도 명확한 목적, 즉 미식을 즐기는 것을 목표로 방문하 는 관광객들은 이 거리를 자주 드나들고, 휴양지로 삼을 만한 별장을 찾는 사람마저 증가하면서 지역은 완만한 성장을 해 왔 습니다. 인구 18만 명의 지방도시가 이렇게 자립할 수 있습니 다. 게다가 그 이웃 나라의 국경 마을인 온다리비아는 1만 6,000 명의 소도시임에도 풍부한 식생활과 멋드러진 주택들이 모여 있습니다.

이것을 보면, 인구 규모와 불편함을 핑계로 자립을 포기하 고 적절한 성숙과 성장을 포기하는 것은 어리석다는 것을 알 수 있습니다.

가능성 많은 일본의 지방

해외뿐 아니라 일본 지방도 가능성은 있습니다. 특히 공업이 중심이 아닌 도시는 앞으로 더욱 성장할 것입니다.

그런 의미에서 서쪽 연안지역은 기회입니다. 일찍이 에도막부 말기의 연안 수송업으로 엄청난 재원을 모으고, 도시 문화를 축적한 지역들은 앞으로 크게 경쟁력을 높일 수 있습니다. 얼마 전 가나자와 시를 다녀왔습니다. 가나자와 시가 높이 평가받는 것은 고도의 도시 개발 때문이 아니라, 오히려 메이지 유신 이후에도 도시구획을 바꾸지 않고 도로 정비와 토지의 고도 이용을 굳이 하지 않았기 때문입니다. 결과적으로 지금은 독창성 있는 거리가 여전히 남아 있고 구획이 작게 나눠져 있어 현지 자본의 중소 영세기업이 아직도 많이 밀집해 있습니다. 낮뿐만 아니라 문화적 자원을 가진 야간 경제의 다양성이 담보된 것이 특징입니다.

사실 그렇게 보면 일본의 지방 도시는 바다가 있고, 산이 있고, 음식을 포함한 도시 문화가 축적돼 있으며, 신칸센과 도로, 공항과 같은 인프라까지 갖춰져 있습니다. 공항만 해도 제트기도 이착륙할 수 있는 산세바스티안보다 몇 배 훌륭한 지방공항이 많습니다.

유일한 문제는 지금은 그것들을 활용해 이익을 창출할 생각이 없다는 것입니다. 스스로 소득 창출의 노력 없이 보조금을 받아서 적당히 운영하는 것이 편하고 제일 좋다는 발상이야말로 지역 쇠퇴의 원인입니다. 최대의 과제는 제대로 의욕을 갖고 '이익 창출을 위해 노력하는 것'이라 생각합니다.

중요한 것은 '실천과 발신'의 두 바퀴

저는 18년 정도 전국 각지에서 '소득 사업'을 해 왔습니다. 스스로 지역 기업에 출자해 함께 경영하면서 지역에서 창출된 이익에서 대가를 받았습니다. 단순히 계획서를 쓰거나 제안을 하는 컨설턴트가 아니라 스스로 투자하고 경영에 관여하는 것이 기본이며, 그러한 노하우를 정리하고 알리며 교육으로 이어가고자 노력해 왔습니다. 이런 것들은 정부나 지자체의 수탁이 아니라 스스로 투자하고 개발해서 '민간 서비스'로 제공하는 것을 고집하고 있습니다.

일본에서는 '현장의 사람들은 현장 일만 하면 된다'는 전문주의적 사고방식이 여전히 지지를 받습니다. 현장에서 사업을 직접 실행하기 때문에 얻을 수 있는 정보가 많습니다. 저는 현장에서 얻는 정보를 외부에 알리는 것도 현장의 의무라고 생각합니다.

그래서 이 책과 같은 서적 발행을 포함해 앞으로도 '실천과 발신'이라는 두 바퀴가 제대로 굴러가도록 노력하려고 합니다.

마지막으로 동양경제 온라인에 연재 기회를 주신 후쿠이 준 씨, 이 책의 편집을 담당해 주신 구와바라 데츠야 씨, 평소 사업을 함께해 주시는 전국 각지의 동료들, 이 일에 깊은 이해를 해주는 가족 등 많은 분들의 도움으로 이 책이 세상에 나올 수 있었습니다. 지면을 빌려 진심으로 감사드립니다.

　일본의 지방은 냉혹하지만 재미있고 가능성이 넘칩니다. 짐짝 취급을 받으면서도 그것에 순응해 재분배에 만족해 온 일본의 지방은 자립에 눈을 떠야 합니다. 이제부터 '돈벌이가 되는 지방'으로 다시 태어난다면, 인구감소시대라도 그것을 역으로 이용해 성숙한 사회를 이루고 생산성 향상은 물론 문화성까지 높이는 데 성공하는 '일본'으로 전환이 가능합니다.
　저도 그런 전환을 뒷받침할 수 있도록 도전을 계속해 나가겠습니다.

역자 후기

    이 책은《지방창생대전》을 완역한 것으로 지방정책과 지역
사업을 콘텐츠, 사람, 자원, 돈, 조직의 내용으로 분류해, 지방
이 살아남기 위한 28가지 지혜를 제시하고 있다. 동시에 지역
정책의 궁극적 목표가 무엇이 돼야 하는지에 대한 질문을 구체
적인 정책과 실천사례를 통해 던지고 있다.
    생산의 중요한 주체였던 지방이 언제부터인가 경제성과 효
율성이란 명분에 의해, 비경제적인 공간으로 인식됐고 수도권
과 대도시가 수혜를 베풀어야 하는 '의존적' 대상으로 전락했
다. 저자는 그래서 지역이야말로 생산성 향상과 수익창출 구조
로의 전환을 중요하게 강조하면서, 성공과 실패 사례, 그리고
그 원인과 대응책을 철저하게 현장중심 · 지역 관점에서 풀어
내고 있다.
    현장에서 사업을 추진하면서 당연하게 여겨졌던 것들, 다른
지역의 성공사례를 무비판적으로 도입해 적용하려는 현상들,

무언가 잘못되고 있다는 걸 감지하면서도 "수정하자", "방향이 잘못되었다"라고 말할 수 없었던 상황도 있다. 지역사업은 행정지원을 받는 것을 당연하게 여기는 인식, 공공성을 추구해야 하기에 이익창출은 무시되는 구조, 지역사업에서 '돈' 얘기는 무언가 속물적인 것이라는 분위기, 지역사업은 보조금으로 시작하면 된다는 사고, 이런 것들이 부지불식간에 인식화되고 고착화되어 창의적이고 역동적이어야 할 지역사업 추진에 방해가 되는 것은 아닌지, 저자는 지적하고 있다.

이 책에서 소개된 사례들은 우리의 얘기라고 해도 전혀 어색하지 않다. 일본의 지역명 대신 한국의 지역명을 갖다 넣어도 될 만큼 일본 이야기가 아닌 우리의 현실이기도 하다. 특히 '지방소멸론'이 촉발되면서 지역과제가 모두 '인구문제'로 치환되어 버린 일본의 지방창생 정책의 본질적 관점 역시 현재 우리가 걷고 있는 현실이다. 지역사업이 행정지원으로 추진되면서 '공공성 확보=이익창출 배제'라는 구조를 형성하고 그로 인해 발생하는 한계와 문제점도 우리 처지와 맞닿아 있다.

지역사업은 소소하고 구체적이며 현실적이어서 우리의 생활과 직접적으로 연관되어 있다. 그래서 지역에서 발생하는 문제들도 소소하게 나타나 때로는 무시하고 그냥 지나쳐 버리는 경향도 있다. 그러는 사이 '가랑비에 옷 젖듯' 지역문제는 누적되어 가고, 지역 활성화 정책의 효과는 반감되어 기대 이하의 성적으로 귀결되기도 한다. 그래서 지역사업은 크게 성과를 내는 것보다, 크게 실패하지 않으면서 작은 성과들을 축적해 가는 과정이나 오히려 시행착오를 줄여가는 과정 자체에 의미를 두어야 한다. 소소하게 인식되던 것들이 차곡차곡 쌓여가는 성과가 진정한 지역 활성화의 성공이기 때문이다.

그런데 실상은 어떠한가?

정부가 바뀔 때마다 정책가들과 행정가들의 입맛에 맞춰 '이번 지역정책은 어떻게 변화할 것인가'를 염두에 두고 새로운 것을 찾기에 바쁘다. 그것도 아니면 정책내용의 변화 없이 이름과 겉표지만 바뀐 채 떡하니 새로운 사업인 양 진행하기도 한다.

시범사업이나 신규 사업 첫해에 지역여건과 상황을 고려하면서 열정적이고 야심차게 추진되었던 것들이 한 해 두 해 시간이 지나면서 반대로 나아가기도 한다. 더 풍부해지고 다양해지는 것이 아니라 규정과 가이드라인, 각기 다른 조건을 일률적으로 표준화해 다양성과 활력은 사라지기도 한다. 시간·공간적으로 확장되면서 사업의 내용이 깊어지고 확장돼야 하지만 사업이 역행돼도 용기 있게 이의를 제기하는 경우는 드물다.

'지역'은 '지역'이란 하나의 단어로 통칭되지만, 각각의 '지역명'만큼이나 존재방식은 다양하다. 지역정책이 그만큼 다양하면서도 구체적이어야 하는 것은 이런 이유 때문이다. 이제 지역다움에 걸맞은 유연한 지역사업을 펼쳐 나갈 수 있는 인식의 전환이 필요한 때다. 인구감소라는 거대한 흐름이 오히려 지역적 다양성을 더 확장시켰기 때문이다.

인구감소가 가속화되면서 일본 지방정책의 가장 큰 화두가 된 '지방소멸'이란 단어는 마술―올가미로 표현하는 학자도 있다―이 되어 지방창생 정책의 내용까지 규정하고 모든 것을 인구문제로 치환해 버렸다. 이 현상은 현재 우리나라에도 그대로 나타나, '수도권 vs 지방'이라는 구도로 모두를 몰아넣고, 인구 획득과 출산·보육·양육 지원금의 지자체 간 경쟁을 치열하게 만들었다. 이제 지역정책은 어떻게 인구를 늘릴 것인가라는 양적 목표에서 지역 주민들이 어떻게 행복한 삶을 누릴 것인가로 방향이 전환돼야 한다. 지역은 수도권과 대도시의 수혈로 지탱하는 곳이 아닌 독자적으로 존재하는 삶의 공간, 가치의 공간이기 때문이다. 이를 위해 저자는 '경영'의 관점에서 콘텐츠, 사람, 자원, 돈, 조직을 선택하고 활용해 지역정책을 새롭게 기획할 수 있는 아이디어를 제공하고 있다.

이 책이 지역을 위해 힘쓰는 활동가, 연구자, 정책가, 행정가 등 담당자들에게 도움이 되기를 기대하면서, 출판을 지원해 준 사회적 기업 (주)에코메아리지역문화연구소와 원고 마감을 인내심으로 기다려 주신 도서출판 미세움에 고마움을 전한다.

2022년 7월
변경화·이권윤정·박헌춘

※ 본 역서 《지방경영시대》는 '사회적 기업 (주)에코메아리지역문화연구소'의 예산지원으로 진행되었습니다.